《家长阅读》丛书

还孩子一个快乐暑假

《家长阅读》丛书编委会◎编

河海大学出版社
HOHAI UNIVERSITY PRESS
·南京·

图书在版编目(CIP)数据

还孩子一个快乐暑假 /《家长阅读》丛书编委会编
. -- 南京 ：河海大学出版社，2022.4
（《家长阅读》丛书）
ISBN 978-7-5630-7514-0

Ⅰ. ①还…　Ⅱ. ①家…　Ⅲ. ①家庭教育－研究－中国
Ⅳ. ①G78

中国版本图书馆 CIP 数据核字(2022)第 062408 号

书　　名	还孩子一个快乐暑假 HUAN HAIZI YI GE KUAILE SHUJIA
书　　号	ISBN 978-7-5630-7514-0
责任编辑	吴　森
责任校对	王　敏
封面设计	徐娟娟
出版发行	河海大学出版社
地　　址	南京市西康路 1 号(邮编:210098)
电　　话	(025)83737852(总编室)　(025)83786652(编辑室) (025)83722833(营销部)
经　　销	江苏省新华发行集团有限公司
排　　版	南京布克文化发展有限公司
印　　刷	江苏农垦机关印刷厂有限公司
开　　本	880 毫米×1230 毫米　1/32
印　　张	2.75
字　　数	69 千字
版　　次	2022 年 4 月第 1 版
印　　次	2022 年 4 月第 1 次印刷
定　　价	15.00 元

《家长阅读》丛书编委会

前言

Preface

家庭是社会的基本细胞，家庭承载着国家与民族的前途和希望。“天下之本在国，国之本在家”“家和万事兴，家齐国安宁”。以习近平同志为核心的党中央高度重视家庭、家教和家风建设。在2018年全国教育大会上，习近平同志对家庭教育作了“四个第一”的精辟概括。他指出，家庭是人生的第一所学校，家长是孩子的第一任老师，要给孩子讲好“人生第一课”，帮助扣好“人生第一粒扣子”。在2015年春节团拜会上，习近平同志谆谆告诫大家：不论时代发生多大变化，不论生活格局发生多大变化，我们都要重视家庭建设，注重家庭、注重家教、注重家风，紧密结合培育和弘扬社会主义核心价值观，发扬光大中华民族传统家庭美德，促进家庭和睦，促进亲人相亲相爱，促进下一代健康成长，促进老年人老有所养，使千千万万个家庭成为国家发展、民族进步、社会和谐的重要基点。

2021年10月23日，第十三届全国人民代表大会常务委员会第三十一次会议通过了《中华人民共和国家庭教育促进法》（以下简称《家庭教育促进法》），标志着家庭教育真正地由“家事”变成“国事”。

认真学习习近平总书记对家庭教育的系列讲话精神，全面贯彻落实《家庭教育促进法》，进而实现中华民族伟大复兴的“中国梦”，是我们编纂《家长阅读》丛书的初衷。

坚持科学性、知识性、趣味性，立足高品位，弘扬正能量，博采天下家教精华，读者朋友喜闻乐见，成为“家长的益友，家教的良师”，是《家长阅读》丛书的编纂宗旨，也是《家长阅读》丛书不懈追求的目标。

家庭教育是一切教育的基础。家庭教育决定孩子的未来。走进新时代，如何做一名合格的家长，是每一位负责任、有担当的家长不能回避的问题。

为国教子，是新时代家庭教育的价值取向。坚持为家教子与为国教子的有机统一，坚持个人成长与社会进步的有机统一，万户千家共同发力，各方能量竞相叠加，才能形成民族前行的磅礴之势。

立德树人，是新时代家庭教育的核心要义。家长要善于掌握规律，科学育德，灵活育德，根据新时代儿童成长特点，培养孩子高尚的操守和优秀的品格。

以身垂范，是新时代家庭教育的基本方法。家长要秉持正确的世界观、人生观、价值观，谨言慎行，防微杜渐，言传身教，做好表率。

本套丛书的编纂工作，得到河海大学出版社的鼎力支持，国内著名家庭教育专家赵忠心、赵刚、卢勤、王大龙等老师也倾力相助，在此谨致衷心的感谢！

《家长阅读》丛书编委会

目录

Contents

第1章 家教视点

引语:一年一度的暑假又要开始了。

暑假年年有,今年则不同——这是我们国家实行"双减"政策后的第一个暑假。如何过一个有意义的暑假,让千千万万的孩子在这个假期里健康快乐地成长?我们特邀请中国教育学会家庭教育专业委员会副理事长王大龙等专家学者给各位家长和孩子们讲一讲、谈一谈,希望大家能从中有所收获。

暑期多做家务事 勤俭家风沐子孙

通常孩子们过暑假的活动很多,与爸爸妈妈一起到风景区旅游,和同学们一起参加夏令营,参加体育运动、艺术活动,享受美食,等等,这都是健康快乐的事。在这里我有个建议,既然家长是孩子的第一任老师,家庭又是实施劳动教育的重要场所,那么暑期也是让孩子做家务的最好时光,也是能给孩子带来快乐、亲子间共享幸福的时光。

提到家庭教育,许多家长都把功夫下在孩子的智力发展上,忽视了孩子的品德培养和劳动习惯的养成。社会上的某些宣传也过分渲染了早期智力开发的作用。上海市精神卫生中心与世界卫生组织合作,调查了四至六岁半儿童的心理卫生状况,结果表明:

27%的儿童有精神偏异,而这种偏异主要是由家庭教育环境不良和教育方式不当造成的。北京市的几位教师统计了 2 294 名小学生参加家务劳动的时间,结果发现人均每天只有 0.2 小时,远远低于美国同龄孩子的人均 1.2 小时。一位小学低年级的教师说,他教的班上有 32 名小学生,其中 20 人不会穿衣,10 人让父母帮忙洗脸洗脚。据浙江浦江县一所中学统计,八成多的家长不要求孩子从事家务劳动,只要学习好就行。华中师范大学刘荣才教授对此忧心忡忡,他坦言,国际教育组织在各种会议上多次呼吁我们扭转智能中心主义的倾向,我们如不及时纠正,就会对社会发展造成极大障碍。

我们的情感和智慧都藏在大脑里,而不是心脏里,心理学其实应该是"脑理学"。人脑是自然神奇而又复杂的造化,一直被教育者视为不可捉摸的"黑箱"。进入 21 世纪,对脑科学的研究逐渐深入,科学家们开始从不同角度揭示人类认知活动的脑机制。教育专家根据这些新成果展开实验,为家庭教育中孩子动手能力与大脑的关系提供了宝贵的启示。

淮安是我们敬爱的周总理的故乡。幼年的周恩来有一位乳母蒋江氏。蒋江氏出生于农民家庭,勤劳善良,周恩来一直称她为"蒋妈妈"。蒋妈妈不仅用乳汁哺育了周恩来,还经常带他在菜地里劳作,周恩来常常跟着蒋妈妈在小菜园种菜、锄草、浇水、捉虫。蒋妈妈还给周恩来讲述乡里农夫怎样耕田种地,没有牛就用人拉犁,面朝黄土背朝天是多么辛苦。

其实我们老祖宗是非常看重孩子劳动习惯的养成的。宋代朱熹在《童蒙须知》中说:"夫童蒙之学,始于衣服冠履,次及言语步趋,次及洒扫涓洁,次及读书写文字,及有杂细事宜,皆所当知。"孩子只有从小在家做到"于洒扫应对进退之间,持守坚定,涵养纯熟",长大以后,才能通达事物、有所作为。

陶行知先生特作《手脑相长歌》，歌中道："人生两个宝，双手与大脑。用脑不用手，快要被打倒。用手不用脑，饭也吃不饱。手脑都会用，才算是开天辟地的大好佬。"

孩子通过做家务劳动，可以培养爱劳动的好习惯，甚至幼儿在蹒跚学步时，就可以教其把尿布放到洗衣盆里，然后随年龄增长而"加码"。3岁时可教其做诸如洗手帕、铺床、叠被、扫地等家务。4岁的孩子，可以从事整理报纸，餐前摆放餐具，洗自己的小毛巾，整理自己的图书、玩具等简单劳动。5岁的孩子，已经有自己的想法了，可以做一些较为固定的家务，比如家长在打扫房间时，辅助擦桌椅，餐前餐后收拾整理餐具，收拾整理图书、玩具并且归类。6岁的孩子，劳动技能有了提高，家长可以让他独立完成一些家务，比如洗自己的袜子、叠衣服、扫地、倒垃圾。

十指连着脑，心灵须手巧。做家务劳动有助于手部的骨骼和肌肉的发育，也有助于大脑顶叶和额叶的运动指令系统的完善，像钉扣子、洗手绢、择蔬菜、切黄瓜、和面、绣花、纳鞋底都要运用手指的精细动作。这些不同的家务劳动可以促进手臂、手腕、手指动作的协调。手的十八般武艺丰富多彩，包括抓、穿、插、刺、夹、剪、缝、倒、捏、掐、拧、撕、揉、捻、敲、拍、系、绑等。手是躯干中最灵巧、最精细的部分，虽然只是全身的一小部分，但对应于大脑皮层的感觉、运动区域，其所占面积和拥有细胞的数量却是较多的。手需要大脑的高度发达才能得以灵活地动作，因而手的灵巧性是大脑皮层成熟度的重要体现。大脑的发育和活动依赖对外界各种感觉刺激的接受，手是感知世界的重要器官。

当然，钢琴、手风琴、笛子、黑管等乐器的演奏；航模、舰模的制作；绘画、书法、陶艺、雕塑活动等对手指和眼睛、耳朵的协调也是一种很好的训练。研究者对拉小提琴的音乐家采用脑磁图对拉小提琴的首称进行观察，发现音乐家按弦的左手对应的右脑反应比非音乐家大，更有趣的是，在音乐家之间进行对比时，发现这一反应的大小与他们开始音乐训练的年龄相关。

手指的精细动作不但表现出孩子动手能力、听觉、视觉运动协调能力，更主要的是反映人的精细的感觉对外部刺激的分析和综合能力。这种能力是由孩子神经系统的发育水平决定的。随着年龄的增长，孩子的精细动作能力不断提高，在 7 岁以后已经接近或达到成人水平。俗话说"心灵手巧"，其实应该说，手巧心才灵，通过手部小肌肉的运动，可以初步判定个体大脑皮层是否完整无损。某种程度上可以说，手部动作能预报智慧的潜在基础和"学业"成绩。

人的手指在大脑的皮质感觉运动区有相应的定位，控制每根手指触觉、运动的神经纤维都与其相连。手指不经常活动时，相应的区域就会退化。

手指简单活动时，感觉运动区的脑血流量比手不动时约增加 10%，但在手指做复杂、精巧的动作时，该区脑血流量就会增加 35%及以上。使脑血流量增加的动作训练同时会使思维更加敏捷。大脑感觉运动区皮层神经主要分为 3 个连续的部分，其中手部代表区所占比例是最大的，几乎达到 1/3，面部和其他运动代表区各占 1/3，从这个角度来看，双手协调运动的培养在大脑发育成熟过程中有着重要地位。

人的大脑的完全成熟要到 25 岁，对于学龄儿童来说，参与各种家务劳动尤其重要。手的触觉是人类认识外部世界的重要手段，双手上分布着丰富的神经末梢以使其能够完成感知、运动(操作)的任务。锻炼手的功能，就是开发脑的潜能，促进脑的最优发展。

（王大龙）

“双减”背景下的诗意夏日

暑假，好似一朵朵绽放的鲜花，让孩子们的生活充满阳光；暑假，宛若一个个快乐的音符，让孩子们的生活充满希冀；暑假，犹如一颗颗闪烁的星星，让孩子们的生活充满遐想……

度过一个快乐的暑假，可以让孩子们暂别喧嚣的校园，放飞他们稚嫩的心灵。因此，一年一度的暑假生活，对于孩子们来说，注定会散发着迷人的光芒，表现出无限的魅力。

当前，遍及全球的新冠疫情仍未真正结束，为切实减轻学生过重的课业负担，我国各级部门对校外培训机构开展了集中整治，对课外补习按下了暂停键。在此大背景下，望子成龙、盼女成凤的广大家长，又该如何把握正确方向，让孩子们度过一个丰富多彩、回味无穷的暑假呢？

读万卷书，行万里路

我国西汉时期文学家刘向有句名言：“书犹药也，善读之可以医愚。”孩子自小便徜徉于书海，可以增长知识，了解世界，其内心便不会浮躁，灵魂会更加安逸，可以说对他们未来的人生有百利而无一害。然而，现在青少年阅读有个现象，那就是大部分的孩子虽然喜欢阅读，但是受学业繁重这一客观事实影响，导致他们根本没有多余的时间和精力进行阅读。暑假两个月时间，恰巧给孩子们提供了能够心无旁骛地进行阅读的大好时机。家长可以利用暑假这一难得的充裕时间，为孩子积极创造有利条件，引导他们与书为友，带他们泡读书吧、进图书馆，尽量多读几本好书。这样既可以增加孩子的见识，也可以培养孩子广泛阅读的兴趣。在图书的选择上，家长可以让孩子根据自己的兴趣和爱好，阅读一些内容适合其年龄特点的书籍，并养成做读书笔记、背诵名篇佳作的好习惯。这样能有效激发他们的阅读兴趣，易于记住书中的内容，使他们在放松自己身心的同时，积极汲取书中有益的营养。

“绿树阴浓夏日长，楼台倒影入池塘。”我国唐末将领高骈在其诗作《山亭夏日》中这样写道。诗作描绘了夏日山亭的悠闲与宁静，抒发了作者对夏天景致的热爱之情，现在读来仍令人精神为之一振。在社会竞争日益激烈、学习节奏不断加快的当下，许多孩子平时仿若不停运转的机器一

样，其学习压力也亟须通过快乐的暑假生活来宣泄。祖国大好河山美如画，秀丽的景色令人赞叹！巍峨的泰山，神奇的九寨沟，“山水甲天下”的桂林，雄伟壮观的长城，金碧辉煌的故宫……暑假里，如果条件允许的话，家长可以带孩子进行一次路程上可远可近，时间上可长可短的旅游。旅游是一个放松自我的绝佳方法，在旅行中，孩子们看到了形形色色的大千世界，感受到了大自然的千姿百态，让身心得以放松。另外，利用暑假带孩子游历祖国的名山大川、名胜古迹，还可以开阔他们的视野，丰富他们的人生阅历，培养他们的爱国情怀和志存高远的思想境界。暑假里，在家乡的农村，也正瓜果满园，家长完全可以和孩子一起去乡野摘瓜摸枣，去小河边捕鱼捞虾，去树林里找金蝉抓萤火虫。相信这些“乡野探秘”的经历，亦终将会成为孩子人生中难以忘怀的美好印记。

纸上得来终觉浅，绝知此事要躬行

现代社会，不需要“两耳不闻窗外事，一心只读圣贤书”的“书呆子”。只会纸上谈兵，而毫不关心家庭、社会乃至国家命运前途的，没有任何担当的当代“赵括”，只会被时代洪流所摒弃和淘汰。因此，暑假中家长应该积极鼓励孩子参加有益的社会实践活动。

社会实践活动不但可以丰富孩子的假期生活，还能让孩子通过亲身体验，激发上进心，增强社会担当意识。同时，社会实践也是孩子了解社会的一个窗口，他们在亲身体验的过程中，能够逐渐培养适应社会的能力和健康的心态。比如，鼓励孩子跟随暑期实践团队，为社会做一些志愿服务工作，如当义务交通宣传员、走访慰问孤寡老人等，就很有意义。孩子热情、无私地为他人服务，既帮助了别人，又锻炼了自己，何乐而不为？再比如，可以让孩子参加小区的公益劳动，打扫小区楼道卫生等，可以培养孩子的公共意识，同时孩子在劳动中，常常会受到小区居民的褒扬，公众的肯定和赞赏对于提高孩子的道德品质、增强自信心也是大有裨益的。

诚然，孩子参加社会实践的积极意义，很多家长都懂得。但是，在孩子参加社会实践活动的过程中却仍然存在着一些问题。比如：家长代替孩子选择社会实践活动内容；重书本知识，轻肢体活动；父母对孩子限制太多，甚至取而代之；等等。殊不知，家长的这些意识和行为，会于无形中影响着孩子参加社会实践活动的热情，使得孩子难以全身心地、愉悦地投入活动之中，从而影响了他们参加活动的应有效果。暑假社会实践活动，是孩子角色教育的大舞台。家长应该放手让孩子在角色变换中成长、发展，从而让孩子尽快地融入社会，适应纷繁复杂的社会生活。

此外，在家长的指导下，还要适当地让孩子干一些家务活，如整理房间、买菜做饭、洗刷碗筷等，这不但能锻炼孩子的自理能力和生活能力，还能让孩子体验到劳动的快乐。“童孙未解供耕织，也傍桑阴学种瓜。”对家在农村的孩子，还应该引导他们从事力所能及的农业劳动，让他们掌握基本的农业劳动技能，体会父母等长辈日常劳作的艰辛，培养他们珍惜劳动成果、懂得感恩的优良品质。

无药可延卿相寿，有钱难买子孙贤

现在，有的家长常会抱怨孩子是“上学风平浪静，放假鸡飞狗跳”。暑假期间，孩子离开了校园，更远离了老师的视线，家长切不可对他们疏于监护和教育，尤其要关注孩子的身体健康和生命安全。暑假两个月，有的孩子动辄暴饮暴食、吃不健康食品，有的孩子失去了平时有规律的作息习惯，无节制地上网冲浪、看电视等，这样不仅容易生病，而且等到新学期开学时，一时很难适应得过来。家长还要教育孩子加强自我保护，注意交通安全，不私自外出游泳，不轻信陌生人等。以往几乎每年暑假，新闻媒体都会曝出青少年由于缺乏自我保护意识，发生受伤、溺水、触电、被拐等事件，产生我们不愿看到的、触目惊心的严重后果。

暑假中，家长可以和孩子一起做游戏，一起进行体育锻炼，一起谈天说地，既可增加彼此间的共同语言和话题，也可以适时地对孩子进行合理的心理疏导和有效的情感交流，更利于他们的健康成长。有些孩子正处于青春叛逆期，平时往往和家长没有什么共同语言，甚至不爱搭理大人，甚或与大人顶嘴，这其实是一种正常的现象。假期中，孩子的学业负担明显减轻了，家长正好可以利用这段宝贵的时间，和他们一起走亲访友，一起劳动实践，一起欣赏音乐……这大大增加了亲子共处的时间。这样一来,孩子的兴趣就会得以激发,亲情就会得到培养,与家长间代沟就会缩小,这比起我们家长平日反复唠叨、教训不知要强多少倍啊!

（蒋建飞）

“双减”后，过一个值得期待的暑假吧

对于很多义务教育阶段的孩子来说，今年的暑假是值得期待的——“双减”政策落地近一年，随着周末及寒暑假不再开设学科类培训班，他们不用再被父母安排到各个辅导班里补习。

而对于父母来说，要做的，是帮助孩子过一个真正值得期待的暑假。

什么样的暑假值得期待？我们可以做些什么？

或许，我们可以协助孩子制订一个合理而又具有可操作性的计划。暑假生活既不能毫无节制，也不能像上学时一样忙碌，订个计划最有效。在我们家，从女儿其其上小学一年级就开始摸索制订作息计划。最初，从她早上几点钟起床，一直安排到晚上几点钟睡觉，就连吃水果需要几分钟都有专门的时间，可谓事无巨细。这样的作息计划在其其小学四年级暑假快要开始的时候，因为无法真正执行而被废除。怎么办呢？我们决定换个方式——让其其把暑假要做的作业、要看的书、要进行的体育锻炼以及各种需要完成的、她自己希望做的事情，都一一写下来，分配到每一天，制作成表格，每完成一项在旁边画一个勾，我们则负责监督。这种“打卡”方式的计划表，因为灵活机动而又可操作，一直延续至今。

或许，我们可以帮助孩子做一件他一直想做而又没有做的事情。这件事可以是去一个一直想去而没有去的地方（当然，目前的旅行安排要考虑疫情防控因素）；可以是看一本一直想看而没有时间看的书；也可以是掌握一项一直想学而没有学的技能，比如游泳、画画，又或者是炒菜。我曾经遇到一个孩子，他很想体验一下当“报童”的感觉，暑假里，他和爸爸联系到报社发行部门，每天在市区的公园里、广场上卖50份《淮海晚报》，连着卖了一个月，然后把卖报的钱捐给了留守儿童。

或许，我们可以陪伴孩子多进行一些户外活动。上学时，孩子们的运动基本上在学校进行，而暑假里往往容易忽视体育锻炼。学校为了督促孩子加强锻炼，往往会布置体育“打卡”作业，那么家长呢？只是拍张照片、录个视频上传吗？不如在工作之余，陪伴孩子一起动起来吧！在其其的暑假作息计划里，我们特地安排了每天一小时的户外运动，有时候是打羽毛球，有时候是跳绳，还有时候是散步或者自行车慢骑。这些时候，其实无论对于家长还是对于孩子，都是非常宝贵的相处时光，既有运动产生的快乐又有交流带来的亲近，何乐而不为呢？

“……相对于只有20天左右的寒假，暑假恐怕才是孩子们更加期待的。两个月的漫长假期，可以远游，可以运动，可以多看些课外书，可以学一门厨艺，还可以约好朋友一起玩耍……女儿其其往往是在寒假刚结束的时候就开始期待暑假了。”

以上这段话，是我在三年前写下的。那时还没有“双减”，但是其其没有上辅导班，因为，作为父母的我们总想着能让她过一个值得期待的暑假。

（李培娟）

“双减”后家长需要做的四件事情

作为一名老教育工作者，我十分感谢国家“双减”政策的出台，教育真的到了必须改变的时候了。事实上，当国家“双减”政策刚刚出台时，有很多的培训机构和家长还在观望，他们不相信国家“双减”政策能够真正得到落实，而今经过一段时间的观察，很多的培训机构已经关门，现在已经很少有人怀疑“双减”政策的执行力度。在我看来，随着国家“双减”政策的真正落实，在“双减”后家长需要做好以下几件事情。

“双减”后家长需要担负起教育孩子的责任。家长要知道，家长是孩子的第一任老师，也是孩子唯一的终身教师，家长是对孩子成长影响最大的人，家长才是对孩子教育的第一责任人。为什么在同一个班级，孩子发展差异很大，十分重要的原因就在于孩子的家庭、在于孩子的家长。我一直认为，家长以种种借口把孩子放到补习班，那是家长对孩子的一种不负责任的行为。“双减”后，尤其在寒暑假，家长更要负起教育孩子的责任，真正把教育孩子作为自己最重要的事情。

“双减”后家长需要做引导孩子学习的榜样。我们知道，教育在于潜移默化，教育在于引导。家长要想孩子认真学习，就要为孩子创造好的学习环境，为孩子树立一个认真学习的榜样，从而引导孩子认真学习。另外，孩子的教育需要方法、需要艺术，这也需要家长认真学习有关知识，特别是要学习教育孩子的知识和方法，做到教育有法、教育有度，从而真正做好孩子成长的人生导师。

“双减”后家长需要转变教育孩子的观念。在过去很长一段时间里，有很多的家长只关注孩子的学习，有的家长直接对孩子说：“你只要认真学习就行。”我们知道，对孩子来讲，最重要的是行为习惯、品性，而不是孩子的学习成绩。事实上，在我几十年的教学生涯中，我发现，最终发展好的还是那些品性好的孩子，而那些不尊重父母、不尊重老师、不遵守纪律规矩、自以为是的孩子最终发展都不好。家长要努力改变自己的教育观念，要下大力气帮助孩子形成良好的习惯、养成好的品性，为孩子的成长保驾护航。假期里，家长要特别注意引导孩子养成热爱劳动的习惯，孩子只要爱劳动，就可以用自己的双手创造美好的未来。

“双减”后家长要做发现孩子特长的伯乐。我们知道，每一个孩子都是独特的，每一个孩子都有自己的特长，每一个孩子都有自己的短处。我们不能要求孩子什么都很突出，事实上，孩子只要让自己的特长得以发挥，就会成为一个优秀的人，就会成为对社会有贡献的人。“双减”后，家长不仅要花时间陪伴孩子，更要在陪伴孩子的同时，努力发现孩子的特长，欣赏孩子的特长，要创造机遇，让孩子的特长得以发挥。有那么一句话：有一艺在手，一世无忧。家长要做发现孩子特长的伯乐，家长要做让孩子特长得以发挥的伯乐。

“双减”，不是不要孩子学习，而是希望孩子更好地成长，而家长就是要做孩子更好成长的帮助者、促进者，为孩子的更好成长保驾护航。

（周建洋）

第2章　家教论坛

怎样表扬孩子

教育是一门艺术，是教育家研究的事情，看起来和平常人没有太大的关系。但是当你做了教师，或者为人父母，就应该考虑了解教育，或研究教育。

我们经常会遇到这样的情况：当一个孩子取得了优秀的成绩，或通过努力做成了某一件事，就会听到这样的表扬："你真聪明！""你真棒！""你太厉害了！"……3—5岁的小孩子缺少自信，这些话是为了给这类孩子找回自信，未尝不可。但是，6岁以上的孩子，开始有独立的思考能力，这样的表扬会导致孩子盲目自信，狂妄自大，不利于孩子形成成长型思维。孩子有了成绩应该怎样表扬呢？

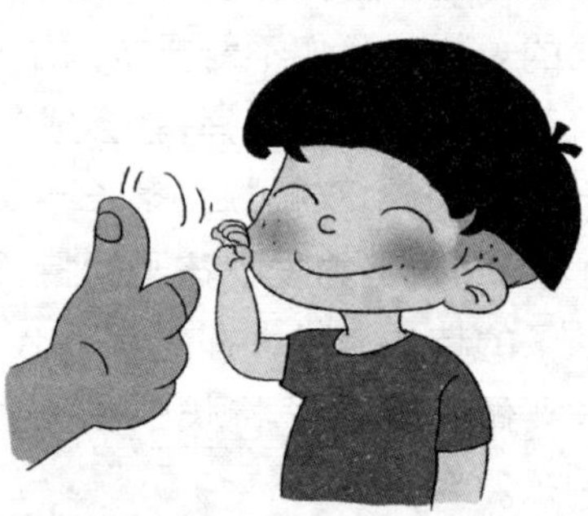

对孩子付出的努力进行夸奖，可以让孩子感受到成功的喜悦，感受到他艰辛的努力得到了认可与尊重。这样他就会更加看重努力的过程，面对困难，坚持不懈。

我的大孙子暑假前上小学三年级，每天放学回家都是先做作业。少数作业是学校老师布置的，大部分是家里买的练习题，做完语文做数学，做完数学读英语，晚上没事就读课外书。上学期期末考试,语文、数学班级第一名,英语第二名。老伴当孩子面表扬:“我们锡涵就是聪明!”我说:“不是聪明,大宝每天放学按时完成作业,做完作业还学会检查,一有时间就读书,好成绩的取得是大宝努力的结果。”孩子开心地点了点头。

要知道,夸孩子聪明,孩子会自以为是,不去努力;告诉他,成绩的取得是努力的结果,孩子会更加努力。

日常生活中,我们很多家长总是看不到自己孩子的进步,上次考试 80 分,这次考试 85,都还要抱怨:“你看邻居某某考的比你高”“班级某某考了第一名”,拿身边成绩好的孩子和自己孩子比较,把孩子进步的快乐比没了,把孩子努力的积极性比掉了。

爱因斯坦小的时候,老师布置手工作业:每个学生做一个小板凳,第二天,同学们都交出自己的作品,然而爱因斯坦却交出了一个很粗糙,一条腿还钉偏了的小板凳。

老师十分不满,拿着板凳对同学们说:“世界上还有比这更糟糕的板凳吗?”全班同学都笑翻了,纷纷摇头。这时候,爱因斯坦红着脸对老师说:“老师,有!”然后从桌子下拿出两个更为粗糙的木板凳,说道:“这是我第一次和第二次做的,刚才交上去的是第三个,虽然做得不好,但是比这两个强多了。”老师惊讶地竖起大拇指,说:“孩子,你不但很努力,而且有很大的进步!”一个恰当的表扬,让爱因斯坦找到了自信。

当孩子尝试有挑战性的任务时,要多肯定孩子的耐心和毅力。

因为难度大的任务，必须有毅力和耐心。所以，夸奖孩子有耐心有毅力，会让孩子看到自己的坚持，让孩子明白，整个过程你都在关注他，孩子成功的可能性会更高。

我的小孙子今年5岁，模仿能力很强。暑假带他玩的时候，我当他的面做俯卧撑，他学着做，可怎么也撑不起来。我教他正确的姿势后，他终于把身体撑起来了。我说："铭铭真行，能把身体撑住了！"就这么一句表扬的话，激起了他的兴趣，一有时间，他就做给我看。从摆好姿势，到手臂的弯曲，再到撑起来，是个很艰难的过程。在我的不断表扬和鼓励下，一个5岁的孩子做到了。

无论是学习、工作还是生活，态度决定品质。当孩子用积极的态度去完成任务时，不要忘了去肯定他们的态度。你的肯定，会促进孩子以一种更加积极的态度面对困难。

去年我接手了一个毕业班，第一次批改作业就让我很吃惊，全班大部分学生的作业潦草，有的就是"狂草"，这是态度不端正的表现。为了解决孩子们的问题，我挑选了几本相对好一点的作业在班级里表扬，重点谈做作业的态度。以后的日子里，每次做作业之前我都要先讲评前一次作业情况，把态度端正的作业放在展台上给大家欣赏。到了第二学期，我就不再谈这个话题了，因为全班学生作业整洁，正确率高，考试成绩有了大幅度提高。

不管您是老师还是家长，不能漠视孩子的成绩，也不能盲目表扬孩子，掌握一些表扬的艺术，对孩子的健康成长极为有利。

（纪大勤）

自律是父母给孩子的最好礼物

有人说，人的本能有两种，一是追求快乐，二是逃避痛苦。多数人的本能都是选择后者：逃避痛苦。所以，对于中小学生来说，在学习上懒惰，在生活中贪玩，是他们的本性。这就要求我们父母，应该帮助孩子学会自律，让自律成为他们良好的精神品行。

自律，是指在没有人现场监督的情况下，通过自己要求自己，变被动为主动，自觉地遵循"法度"，拿它来约束自己的一言一行。自律并不是用一大堆规章制度来层层地束缚自己，而是用自觉的行动创造一种井然的秩序来为我们的工作生活争取更大的自由。

那么，怎样培养孩子自律的精神品行呢?

首先，家长要做孩子自律的榜样。一个自律的家长，有着良好习惯的家长，对孩子的影响是潜移默化的。想想看，有时间就阅读的家长，孩子能不被其感染吗?犹太人陪伴孩子学习就是良好的例子。家长有规律的作息，家长有良好的阅读习惯，家长有情趣高雅的爱好，等等，这些无疑就是给孩子最好的熏陶、教育和影响。一个自律的家庭，必然会培养出自律、优秀的孩子。身教胜于言教，家长的榜样力量是巨大的，家长用自己的自律去引导孩子走向自律，走向成功。

其次，家长要严格要求孩子自律。孩子的自觉自律，大多数是"管"出来的。父母要为孩子制定规则，时刻监督，帮助孩子去除本性中的任性和散漫。对于家长而言，一定要在孩子没有自主思考能力时，帮助他养成习惯。父母监督孩子养成自律的过程是艰辛的，但孩子一旦定型，未来的路就会很好走。

武亦姝，在《中国诗词大会》上一炮而红。其实，武亦姝小时候顽皮任性，学习成绩也不是很好。父母为她制订了严格的学习计划，背唐诗宋词，广泛阅读，让她渐渐喜欢上学习。即便是她升入初中，父母也没有对她放松要求，最终她一战成名，后来又考上了清华大学。

家长要多管齐下，严格要求孩子养成阅读的习惯、管理时间的习惯、主动学习的习惯、热爱劳动的习惯等。孩子养成了这些良好的习惯，自律也就形成了。

家长要帮助孩子寻找自律的内驱力。所谓内驱力，是指在需要的基础上产生的一种内部唤醒状态或紧张状态，表现为推动有机体活动以达到满足需要的内部动力。孩子要形成自律，就一定要有内驱力。孩子的兴趣、爱好、理想、信念、追求等，皆可以成为他们强大的内在精神动力。作为家长，要善于帮助孩子寻找到自律的内驱力。

热播剧《小舍得》中有一个片段：颜子悠兴致勃勃地研究地上的昆虫，内心充满对成为生物学家的憧憬，可是母亲田雨岚却警告他："你别尽浪费时间在那些无用的事情上！"像田雨岚这样的母亲，真的叫人无话可说。作为父母，要帮助孩子找到真正热爱的事情，并要鼓励孩子既要"仰望星空"，又要脚踏实地，把遥不可及的梦想化作一步一个脚印的努力，最终实现自己的梦想。

孔夫子说："为仁由己。"自律，不是天生的，要经过长期实践、修养磨炼，才能形成。不自律的人，必然放纵，最后走向堕落；自律的人，不断超越，最后走进人生新境界。

有人说，孩子不自律是本能，家长帮助孩子养成自律才是本事。作为父母，帮助孩子养成良好的习惯，让孩子拥有自律的精神品行，这才是大爱。

请记住：自律，是父母给孩子最好的礼物。

（纪效成）

做孩子筑梦路上的滑翔伞

放眼当今世界，孩子莫过于最特殊的存在。他们满载着希望，这种热切的希望中的意蕴是重大的：承载着孩子对未来生活的美好向往，承载着孩子全身心感知外在世界后的愉悦，承载着满满当当对明天的兴趣与期冀。孩子是站在人生起点的群体，除了赋予生命无限希望外，他们代表着无畏、纯真与能量。恰如罗曼·罗兰所说：有了光明与黑暗的均衡的节奏，有了儿童的生命的节奏，才显出无穷无极、莫测高深的岁月。为什么我要说孩子是特殊的存在？这句话便是最确切的解释了吧。儿童是人生版图中最浓墨重彩的一笔，那一笔最具挑动人心的魅力，更需要成人最细致的呵护，才能确保孩子接受到最好的教育，度过最完整的童年。

储备——补给孩子蓄力待发的能量

马卡连柯说："即使是最好的儿童，如果生活在组织不好的集体里，也会很快变成一群小野兽。"很大程度上我是认同的这句话，因为他强调的是教育对于孩子健康成长的重要性。孩子作为特殊的群体，正处于迅速感知世界、学习世界的关键时期，孩子是否接受到最正确且科学的教育，直接关系着儿童的未来人生发展。现今社会竞争激烈，无数家长为了赢得"起跑线"上的胜利，为了使孩子走在社会前沿而无限充实孩子的学习生活，补课班、兴趣班、家教课层出不穷。其实值得我们深思的是：孩子是否能在繁忙的学习生涯中找寻到自我？是否得到了童年时期最理智的教育？

家长作为孩子的第一监护人，顶着助力孩子筑梦成长的主导者的头衔，首要我们需要知道影响我们决策实施的是：孩子到底需要怎样的教育？什么样的教育才是最理智、最科学、最受儿童欢迎的？新时代的家长急需最创新最科学的教育理念，因为我们通过观察便可发现，能被儿童所接受的教育才是最高效的。我常常查阅有关孩子教育教学的书籍，《家长阅读》中的一句话让我记忆深刻：孩子，不愿看到你过度努力。这句话让我思索良久，儿童是否真要于人生的起始阶段放弃感知生活的乐趣，去面对繁重的学业加特长培养？古人云："宝剑锋从磨砺出，梅花香自苦寒来。"流传至今的古训让无数家长确信，急剧的努力换来的肯定是提升。按道理来讲，孩子需要在这一阶段充实自己的羽翼，才能为今后的展翅翱翔做足准备。珍惜时间，勤奋提升没有错，但过于繁重的学习只会让孩子遗失最为宝贵的东西：健康与快乐。

儿童相较于成人来说是脆弱的，不论是生理还是心理，都应得到来自家长的保护。长期的学习带给孩子身体的危害是巨大的，过度的体力输出、过度的知识灌输会为孩子的发展戴上枷锁。因此，作为孩子的第一教育者，要给予孩子适当的教育和能量补给。在人生的最初阶段，丰满羽翼之时，家长赋予孩子持续向前的勇气才是最重要的，适当的学习，适量的能量灌输，全方位的鼓励与支持是长久之计。家长要以科学的思想观念助推幼儿发展，给予孩子勇敢向前、蓄力待发的信心与能量。

启程——放飞鼓舞，收获远航

很多家长都会担心孩子与“正常儿童”存在差异，每当发现不同之处，便会极力阻止，要求孩子迅速做出调整，甚至有的家长察觉到孩子的暂时缺陷后便为孩子定了性，这种不理智的做法便是我们经常听到的“贴标签”。“懒”“笨”“坏”等字眼有时候也会从家长的口中冒出，孩子真的会一生都拥有这些特点吗？理智的家长都不会这样认为。苏联心理学家、教育家赞可夫说：“当教师把每一个学生都理解为他是一个具有个人特点的、具有自己志向、自己的智慧和性格结构的人的时候，这样的理解才能有助于教师去热爱儿童和尊重儿童。”

是的，每一个人都具有其独特属性，儿童又何尝不是呢？就算孩子从外界习来的属性不够正面，家长和其他教育者也不能以“贴标签”和否定为解决方法，终止对儿童的良性引导，儿童的人生发展需要成人正确的引导与教育，恰如孩子是一张白纸，家长需要帮助幼儿绘出独属于自己的色彩，而不是输出消极言论让孩子丢掉向往未来、自信学习的希望。我的女儿现在正上小学，人生的第一阶段我总会给予她面对新生活的勇气与信心，因为我认为这是十分必要之举。在遭遇他人否定时，会第一时间给她鼓励打气，教会她其他人的言论不一定是正确的，任何缺点经历过磨炼都会成为优势。她总会抬起脑袋问我：“妈妈，为什么你总是那么相信我，不说我的一点不好？我真的有那么好吗？”每次我都会告诉她：“每个人都会有优势，亦会有缺陷，这是十分正常的，作为家长，我的职责就是给予你勇气和信心，帮助你面对困难和缺陷，一起努力去改正和克服它，这样我们才能不丢掉自信，收获得更多。”

作为家长，要成为孩子展翅翱翔之路上的助力者，而不是给他们制造逆风，阻碍他们的成长。要时刻谨记，儿童是易受影响的，同时有着脆弱的心灵，家长要保护孩子不受伤害，让孩子自信且努力地飞翔。这是职责所在，更是义务与理智所驱。

腾飞——让天性使然，启创新之气

儿童与成人截然不同。有人说，智慧属于成人，单纯属于儿童；也有人说，儿童的天真与老人的理智是两个季节所结的果实。这说明儿童与成人的不同之处在于儿童的童性与纯真是他们最大的特点。要说儿童与成人不同的是纯真与童性，倒不如说是在孩子身上极具明显的想象力与创造力。我是怎样发觉这一点的呢？正是因为在与孩子沟通的过程中他们的语言特征：天上的白云可以是各种动物，无生命的东西可以在孩子的世界里变得鲜活。因此，在这一教育观点上，我从来都不限制孩子的任意想象和创造，我时常鼓励孩子将自己的突发奇想记录下来，因为这不仅是一种想法，更是一种创造。

身为孩子学习成长的影响者，要任童心肆溢，因为想象力和创造力原本就是一对瑰宝，这两点如果发展好，能带给孩子的东西太多了。为让孩子依据童心任意想象和创造，我会时常为她购买书籍，带她经历各种事物并获得感受，童心、童语和童行对于我的教育方针来说是极其必要的，尊重孩子的天性，才能获得意想不到的收获。

每个孩子在家长的带领下感知世界，学习世界，从脆弱变强大，从蹒跚学步到展翅翱翔。家长是孩子一生的导师和扶持者，一个成功的家长，会成为孩子的滑翔伞，为他们创造腾飞的条件，助他们启程。

（杨　云）

陪伴孩子

家长的教育观念、教育方法在孩子的成长中起着十分重要的作用，改变孩子必须从改变父母开始。每一位父母都要重视家庭教育，每位家长都要学一点家教知识。著名教育专家朱永新说：没有学习一定家教知识的家长，就如同没有驾照的司机，同样是危险的。这句话说得很有道理。

说到家庭教育，我们许多家长在认识上还存在偏差：有的认为，一味满足孩子的物质需求，吃好穿好，要啥买啥，这就是家庭教育，尽到了父母的责任；有的认为一味关心孩子学习，上家教，请辅导，这就是家庭教育，这就尽到了父母的责任；有的对孩子引导教育不当，不注意自己言行示范，对孩子造成不良影响；等等。所有这些，都是不全面的。其实，我们对孩子的教育也要全面关心，既要关心孩子的生活，又要关心孩子的学习；既要关心孩子的身体健康，又要关心孩子品德、性格的健康成长。

在孩子成长过程中，陪伴尤为重要。

孩子的成长离不开家长的陪伴。我们家长都很繁忙，但无论如何都要抽出时间陪伴孩子。有一首儿童中的孩子说：爸爸妈妈，你们陪陪我吧，再不陪我我就长大了。这是孩子真切的心声。

要陪孩子学习，尽量抽出时间看看孩子的作业。孩子读书、作业时，我们可以陪伴在边上，看看书报，或做点别的事，这样，会促进孩子进入比较好的学习状态，也可以适时对难点进行点拨。同时，要查看孩子作业，可以了解孩子的作业习惯、学习情况、知识掌握情况，发现哪些是孩子的薄弱之处，有针对性地加以弥补。作业是孩子的学习成果，查看孩子作业时，既要发现问题，也要表扬优点，让孩子找到自豪感和做作业的乐趣。这样做，对于低年级孩子尤为重要。根据我的经验，坚持陪伴孩子三年，孩子到四年级时良好的习惯就基本形成。

平时，我们阅读到好的文章，如果适合孩子阅读，一定要推荐给孩子读，并就其中的问题进行讨论，家长与孩子各抒己见，包括网络上、微信上的一些美文，都可有选择地与孩子共同阅读。这样，非常有利于培养孩子的阅读习惯。

我们可以经常带孩子参加一些大型活动。比如书画、科技、航模等展览会，春节晚会等文娱演出，包括展销会等大型活动，都可以陪同孩子一起参加，感受活动氛围。带孩子参观文化景点，感受家乡的人文气息。可以每年带孩子外出旅游、访学一两次，访问一些有成就的地方名人。要让每一次参观、访问都具有教育意义，你可以与孩子交流：你参加活动之后，如果记者采访你，你会怎么说？别人的书画、表演、语言有哪些地方是值得我们学习的？由此与孩子展开对话，陶冶孩子的性情，提升孩子的眼界与能力。

我们家长要学会与孩子谈心。其实我们每天与孩子接触的时间并不多，主要是中午和晚上两段时间，我们要抓住这两个时段与孩子聊聊天。不必每次都和孩子谈学习，可以聊聊时事新闻，谈谈身边的事情。谈心，其实是与孩子的亲情交流，也是关注并调整孩子的心理状态的问题，让孩子感到一种温暖，感到一种力量，感到父母在和他一起努力。

如果把与孩子谈心的内容归纳一下，我认为可以谈四个问题：

1. 学校最近有什么事情发生吗？有什么好玩的、快乐的事情？这个问题可以调查孩子的兴趣点、价值观。

2. 今天你有什么好的表现？有没有发言？有没有为班里和同学做事？通过这个问题，让孩子积聚正能量。

3. 今天你有什么收获？学习了什么新的内容？这样谈话可以巩固所学知识。

4. 有没有什么困难？需要父母帮助你吗？让孩子明确责任，学会担当。

与孩子像朋友一样交流，让孩子在平和与亲情中成长。通过谈心，不仅要知道孩子的考试成绩，还要知道孩子的理想抱负、兴趣爱好和情绪变化。

只要有时间，我们就陪陪孩子，陪孩子跑跑步，陪孩子读读书，陪孩子聊聊天，分享孩子学习、生活的快乐，这是一件多么幸福的事情！

（房元品）

第3章　学法崇德

点滴小事，蕴育孩子爱国情怀

去年夏天，我跟两位同事一起组织了一次自驾游活动。那时正值暑假，大家都是带着自己小孩一块去的。男同事的孩子是个漂亮的小女孩，叫王珺；女同事的孩子是个帅小伙子，叫张裴。俩孩子一路上抢着给我们大人讲他们学校的趣事，逗得我们几个大人笑得前俯后仰，不知不觉就来到了旅游景点。刚下车，俩孩子就说要去上厕所。我们几个大人，也只好陪着他们去。

上完厕所，我们就按原定计划，准备前往景点玩。可刚离开公厕一里多路，王珺突然拉着她爸爸的手说："爸爸，你们能不能稍微等我一下。"女同事反应快，忙接过她的话问："怎么啦？你要干什么？"她转过脸跟我们说："刚才有个阿姨在厕所里洗了手不关水龙头，后来我把龙头关掉了。我出来的时候，她还在上厕所，我估计她出来的时候还要洗手，可能又会不关水龙头。所以，我想回去看看她有没有关水龙头。你们等我一会儿好吗？"那位女同事劝她说："那又不是我们自己家里的水龙头，关不关有什么要紧的。"王珺听了那位女同事的劝说后，没有做任何反驳，只是转过身，抬起头看着她爸爸，那表情分明是在征求爸爸的意见：我是去还是不去呢？没想到她爸爸立马就答复她说："我和叔叔阿姨在这等，叫张裴哥哥陪你一块儿去，好吗？"得到她爸爸的允许后，小女孩高兴地点点头，转身便兴冲冲地拉起张裴的手往公厕方向跑去了。

不一会儿，俩孩子，一前一后小跑着回来了。回来后，小女孩像报告重大事件一样告诉我们："刚才那个阿姨果然又没有关水龙头，那个水呀哗哗地流，浪费那么多的水。"

到达景点后，两个孩子便像两匹小野马，到处乱跑，高兴得像过年似的。不知不觉就到了中午十二点多，于是我们就地找了个凉亭，拿出带来的干粮、水果、矿泉水等，围坐在凉亭里的石桌旁共进午餐。午餐过后，稍事休息，大家便起身，准备出发去另一个景点玩了。可刚走到车旁，我突然感觉怎么好像少了个孩子。这时，我回头一看，发现王珺还在收拾石桌上的果皮纸屑和包装袋。收拾完桌子上的，再捡凉亭地上的垃圾，那个样子活像一位小服务员。

在回去的路上，张裴的妈妈自告奋勇地说她来开车。俩孩子可能是玩累了，刚上车没多久就靠在后座上睡着了。就剩下我跟王珺的爸爸无所事事。为打发无聊，我们俩就有一搭没一搭地聊上了。我说："老王，我以前只是觉得你是个工作能力很强的人，今天我才发现你是个很会教育孩子的父亲。"老王不无得意地问："此话怎讲?"我说："今天，我看了珺珺这孩子，觉得你教得特别好，不但聪明、机灵、可爱，更重要的是她很有大局观。尤其是上午我们离开公共厕所的时候，她为防止人家浪费水，还特地返回去关水龙头。这么小的年纪，有这么强烈的公共意识，这让我觉得非常意外，也很震惊。"老王微微一笑说："这没什么，她只是做了一个正常孩子该做的正常事。"

老王接着说："从小，我和她妈妈就经常跟她讲，我们要像对待自己一样对待他人；要像爱护自家东西一样，爱护他人的东西，这包括公家的和私人的东西；要像爱护家里的环境一样，爱护外面的公共环境。每当我们进了家门，就是回到'小家'，而出了家门，就进入了'大家'。所谓的'大家'就是我们经常挂在嘴边的'国家'。如果我们弄脏了外面的环境，就等于弄脏了我们的国家；如果我们破坏了公共财物，比如学校的桌子、凳子，公园或街道的设施等，就等于破坏了我们的国家。我们不但要爱护自己的‘小家’，而且更要爱护我们的‘大家’，也就是我们的‘国家’。我们不但经常给她讲，而且还身体力行地做给她看。珺珺的大局观和爱国意识就是这样通过每天一点一滴的小事情培养起来的。”

记得韩寒导演的处女作电影《后会无期》中有一句经典台词："她听了很多大道理，可依旧过不好我的生活。"

相信天下父母，都希望自己的孩子能过好他们的生活。那么到底怎样才能让孩子过好他们的生活呢？其实，那天老王的一番话，就是一种很好的回答。他的话可以诠释为：如果要让孩子过好他们的生活，首先必须得帮助孩子建立正确的人生观。那么什么样的人生观方能称之为"正确"呢？笔者认为：检验一个人的人生观是否正确，要看其是否具有"大局观"。这个大局观就如老王所说，看其是否能像对待自己一样对待他人；是否能像爱护自家东西一样，爱护他人的东西；是否能像爱护家里的环境一样，爱护外面的公共环境；是否能像爱"小家"一样，爱"大家"，也就是我们的"国家"。

为了树立孩子正确的人生观，我们的孩子要像王珺那样，从生活中点点滴滴的小事做起，例如节约用电、用水、用纸等，养成随手关灯、随手关水的习惯，不损害公物，不肆意捕杀动物，爱护环境，讲究卫生，尊重他人。作为家长，更要身体力行地做给孩子们看，从而在点滴小事之中，孕育孩子们的大格局、大情怀，走好、走对自己漫长的人生道路。

（杨黎明）

未成年人不应出入酒吧等娱乐场所

2022 年 1 月 11 日，江苏省淮安市中级人民法院判决了全国首例酒吧侵害未成年人保护民事公益诉讼案：判令某酒吧以及其负责人李某某停止招用、接纳未成年人进入酒吧，同时在省级媒体以及该酒吧开设的社交营销账号公开对招用、接纳未成年人进入该场所的行为以及造成的影响向社会公众道歉。

据了解，该酒吧自 2020 年 10 月份开业至 2021 年 11 月份被查处，先后招用 60 余名未成年劳工，并以免费向学生提供酒水为噱头，建群招揽多所学校 30 余名未成年在校生，到酒吧充当“气氛组”人员。

为什么这些未成年在校生会到该酒吧充当“气氛组”？什么是“气氛组”？2006 年出生的在校生小雨（化名）就是气氛组的一员。据其介绍，她也是被同学喊过去的，有时候，整个微信群的女同学都去了，她不去不好。到达酒吧后，4、5 人一组，酒吧会免费提供一瓶洋酒、四瓶饮料以及果盘，她们喝酒时会到台上跳舞，带动整场气氛。“带我们去的负责学生肯定是拿酒吧钱的，但是我没有收到过。”小雨说。16 岁的小军（化名）也是气氛组的一员，据其介绍，他不但要带动气氛，有时也会陪客人喝酒赚点外快，不善喝酒的他甚至患上急性胃肠炎。他说，其实他也知道气氛组有时喝的酒水都是此前客人喝剩下的，但是一进入酒吧，那种环境就让他身不由己地放纵自我。

未成年人进入酒吧消费，没有钱怎么办？据了解，这些未成年人多数都是留守少年，他们都是用父母给自己的生活费、零花钱进行“AA 制”消费。17 岁的小杰(化名)就是其中一员,他将父母给的零花钱用完后,学会了拉车门盗窃。酒吧里多数都是年轻人,在酒精的作用下,很容易惹是生非,小杰说,酒吧里几乎每天都有人打架,酒吧安保人员处理不了,警方每天能出警三五次。

为什么该酒吧会引起相关部门的注意,并最终被法院判决停止违法行为呢?这还要从 2021 年 4 月的一起未成年人犯罪案件说起。相关办案部门在办理几起故意伤害、容留未成年人卖淫的案件的过程中注意到,有些涉案的未成年人都有一个共同点,即长期混迹于某酒吧,有的甚至就是该酒吧的工作人员。依据《中国人民共和国未成年人保护法》《中华人民共和国预防未成年人犯罪法》的规定,营业性歌舞厅场所、互联网上网服务营业场所,以及其他未成年人不适宜进入的场所,应当设置明显的未成年人禁止进入标志,不得允许未成年人进入。难道该酒吧对国家相关法律法规置若罔闻吗?

办案机关向人力资源和社会保障部门分别发送了司法建议。人力资源和社会保障部门于 2021 年 6 月 30 日对该酒吧非法招用未成年工的行为,予以行政处罚 10 万元。后相关部门于 2021 年 7 月 13 日对该酒吧劳动用工行为进行检查,但该酒吧不仅未配合,甚至为逃避检查,设置专岗在附近望风,遇到警方检查时,酒吧相关负责人就会在群里发布消息,让未成年人暂时躲避。遂又被相关部门以拒不配合检查、未按要求报送材料为由给予行政处罚 1.8 万元。

截至 2021 年 11 月 12 日晚,公安、检察等多部门对该酒吧进行联合执法，现场发现该酒吧未成年工 6 名、进入该酒吧饮酒的未成年人多达 14 名。后经深入调查，该酒吧先后招用 60 余名未成年工，并以免费向学生提供酒水为噱头，建群招揽一些学校共 30 余名未成年在校生到该酒吧充当“气氛组”人员。

调查发现，该酒吧招揽的所谓“气氛组”基本都是 15～17 岁年龄段未成年在校生。另据办案人员介绍，无论是招揽未成年人进入“气氛组”，还是招收未成年人在酒吧上班，允许未成年人进入酒吧消费，该酒吧从不检查身份证，在生意好的时候，有包含未成年人在内的员工 100 多人，且内部分工明确，有营销部、安保部、外联部等。

未成年人是一个家庭的希望，也是社会、民族和国家的未来，教育、保护未成年人就是在保护家庭的希望，保护祖国的未来。因未成年人身心发展尚不健全，没有形成正确的人生观、价值观和世界观，涉世未深，极易被眼前的灯红酒绿所迷惑，从而以偏概全地形成错误认知，进而丧失学习的动力和进取心，极大阻滞了未成年人成长。经常出入酒吧等场所极不利于未成年人的身心健康发展，常常诱发未成年人或针对未成年人的暴力、性侵等违法犯罪行为。

因此，如何做好未成年子女的教育，让未成年人不被社会不良风气所影响带偏，始终是摆在每一位家长面前的重大课题。

（沙瑞新　陈　浩）

第 4 章　家教故事

书香人家的“家教”

常听有人带着羡慕的口吻问我爸妈，五个女儿个个出类拔萃，究竟是如何培养教育的？我也想听听看他们身为一生教书育人的教师，会如何来作答。说实话，这么些年，我还真从没听到他们给出过确切的回答。

老舍说，生活是种律动，须有光有影，有左有右，有晴有雨，滋味就含在这变而不猛的曲折里。家庭生活中所谓的“家教”并不重要，重要的是孩子生长的环境：父慈母爱、手足亲睦，在温馨家庭生长的子女才会有善良博爱的健康心态。人的一生中，童年时代尤其重要，我们姊妹五人童年就是在没有打骂，极少管束的环境里度过的。我们亲眼看到父母对老人的孝敬，他们之间的相互关心、体贴，相亲相爱。我们姊妹都赶上了和平年代，但物质匮乏，记忆中爸妈就是忙上班，回家后就是忙批改作业本、忙一大家人的吃喝拉撒，极少有时间来管教我们，家中书桌的绿色台灯下，留给我们的深刻印象是他们批改作业忙碌的背影，是影影绰绰的父慈母爱的笑颜。

大姐学习优秀自觉，基本没让爸妈操心，15 岁便独立闯天下；我自小跟随外婆向善积德、吃斋念佛，16 岁进厂当学徒后基本上独立，后到无锡读书，做了三年的工农兵学员，胸有半瓶墨水开始独立生活；老三在爷爷奶奶家受到较正统的国学教育，贤惠稳重，练就了一手操持家务的特长;老四在爸妈身边得到娇宠,万事敢争先,处处有创意,聪慧绝顶。老五更是高中毕业赶上恢复高考就离开家,一去千万里难得一见。综上所述,由于大时势大气候的原因,我们的童年都没能充分享受到父慈母爱,所受到的"家教"更是少之又少。但细细想来,父母对我们的教育自有他们的独特方法,肯定是不同于学校的教育。爸爸一生不抽烟不喝酒,生活中基本不产生个人开支,可对我们孩子却从不小气。我记得小时候我们姊妹间传阅的一本厚厚的儿童文学故事《金玉凤凰》,就是爸爸买给我们看的。至今我还记得书的价格九毛八分钱,这在当时是很奢侈的消费。开始是爸爸读给我们听,后来是大姐读给我们听,书里面的故事有上百个,每一个故事都对我们认识世界产生了深远的影响,可以说初步形成了我们的世界观。如爱护小动物、关心小朋友、团结友爱、做正直和充满正义感的人、爱惜粮食等。其中最让人震撼的就是金玉凤凰的故事,讲的是火凤凰,其实就是后来才懂的"凤凰涅槃"的故事。作品笔调轻松,用儿童语言描述,我们听得全神贯注、入脑入心,这对我们后来爱好文学、提高写作水平都起了很大作用。寒暑假,父亲带我们姊妹几个出去旅游、带我们游泳,在大家都不读书的时候,每天带我们临帖、写硬笔书法。也就是说,在动和静中、在玩和学里,父亲对我们进行意志的磨炼和人格培养,其教育和影响都是巨大的。

在我们家,父母对我们子女的要求就是:家中诸事,读书为大。母亲一生争强好胜,在单位是多年的"优秀班主任",一心扑在工作上,在家则是里里外外一把手。我们家常常是这样的格局:中午下班回家,爸爸择好、洗好菜,炉膛烧好火,妈妈进门就炒菜烧汤。整个过程,似乎没我们什么事,大家各自看书、写字,直到喊吃饭才放下手中的书和笔。妈妈一定是最后上桌吃饭的,清光所有碗、盘里的菜和汤,有时饭不够,她就下一碗挂面对付了。现在想想,那段时光是我们家爸妈最忙碌、最辛苦也最快乐的全家福的温馨时段。从那以后我们姊妹各奔东西，只能在信件和电话里感受父慈母爱了。

父母用自己在教育战线上的辛勤耕耘和默默付出在无声地影响和教育我们。他们用文学、文字、文艺时刻熏陶着我们，从来不限定和强迫我们学什么和不学什么。父母用他们那热爱生命、热爱生活的行为来引导我们，谁若对某一项学习有兴趣，就努力创造条件予以鼓励。我直到退休后还学习声乐、手风琴，就是受了父亲的影响。两位老人坚持不迟到不早退地上老年大学几十年，父亲热爱拉手风琴，一直拉到 87 岁得了一次小中风方才罢手。大姐退休后学电子琴，三妹退休后学古筝，四妹学书法、学摄影都取得成就，五妹在国外从事理科研究，业余竟搞起了小说创作，短短几年已出版了近十本小说，并获各种大奖，近五十岁时学国画，时间不长就在加拿大华人圈里小有名气……

曾国藩说："人之气质，由于天生，本难改变，惟读书则可以变其气质。"三毛也说："读书多了，容颜自然改变，许多时候，自己可能以为许多看过的书籍都成过眼烟云，不复记忆，其实它们仍是潜在的。在气质里、在谈吐上，在胸襟的无涯，当然也可能显露在生活和文字中。"我们是教师家庭、书香人家，这许多年来父母没有能力去求人给我们安排、调动工作，凭的就是自己读书学习，积极参加各种考试，各走各的运。全家信奉和崇尚的是：万般皆下品，惟有读书高。父母确也是这样做的，他们将家风家教无声地传授，现在已传给我们家的第三代和第四代。这虽与当下经济社会的许多观念格格不入，我们读书确实也很累很苦，但读书的幸福和乐趣又岂是一般人所能理解和体会到的?!

（冰　郎）

呵护孩子的好奇心

孩子从学会说话的时候起，就会向家长问这问那，对事物产生好奇。好奇是孩子的天性。孩子有强烈的好奇心，是他求知欲的表现，是孩子学会创造的前提。在孩子很小时，我们就应该注重对孩子好奇心的培养。

我家孩子小时候玩玩具时，喜欢把玩具拆了，看看里面有什么，好奇心很强。我从不责怪孩子，而是与孩子一道去拆玩具，让孩子明白玩具的构造。记得孩子上一年级时，出于好奇，把家中的闹钟拆了，零件散落一地。中午回家，爱人对我说："你儿子把闹钟拆坏了。"我听后说："拆就拆了，有什么大惊小怪的。"我招呼儿子过来一起把闹钟装起来，我边装边告诉儿子每个零件的功用。我还教育儿子，以后再拆，要记住每个零件是哪个地方的，有顺序摆放，先少拆些，然后装上。在装配闹钟的过程中，孩子问这问那，尽管有些问题很幼稚，但我还是耐下心来，认真回答孩子的提问。孩子没有受到批评，也就没有了恐惧心理，更容易对事物产生好奇、产生兴趣。孩子的好奇心得到呵护，对他后来的求知、学习，起到了很好的促进作用。

除了呵护孩子的好奇心，家长要利用身边的事，激发孩子的探究欲望。有一次，我与孩子去水稻田拔稗子，现在较常见的是白稗

子，与水稻差不多，孩子在田中找不到稗子。我拔起一棵稗子，让他仔细找出水稻和稗子的区别。他很快发现，稗子叶颜色较浅，表面光滑，而稻子叶有绒毛，有小刺。稗子秆子粗，水稻相对细一些。我鼓励孩子自己去探究事物的不同，孩子很快能分辨水稻和稗子了。

如果我们不去鼓励孩子的探究欲望，都只是把现成的答案教给他，孩子就可能会产生一种依赖和懒惰的心理，会对周围事物失去探究的热情，对孩子以后的求知学习将产生负面影响，抑制孩子创造性才能的开发，不利于孩子的健康成长。

平时，我教育孩子，遇到问题要乐于思考，勇于探索，培养孩子的创造力，为孩子以后的求知、学习和深造打下了坚实的基础。孩子上大学期间，是两个研究课题的组长，之后取得很好的研究成果；大三时，他参加全国大学生现场创新体验竞赛，获得一等奖；大三暑假时，他被浙大科技园选为“新苗”培养对象，应邀去实习；研究生毕业后，他进入央企研究所从事军工产品研究。

（周祝君）

提醒也是教育孩子的一种方式

孩子一边写作业，一边高声喊着："爸爸，书包拿来"。孩子的这种要求对于很多家长来说可能都是难以接受的，如果家长生气，大发脾气，拒绝孩子的要求，对孩子也是很大的打击。其实孩子这样的要求也没有什么恶意，这时，我会提醒他说："孩子，学习前应该把书本工具准备好，不能少东少西的。"

孩子听到我的提醒，很快反应过来，看着我很诚恳地说："爸爸，能帮忙拿下书包吗?"看到孩子这么诚恳的样子，我还是给他拿了书包过来。

没有任何风波，没有任何冲突，没有任何不愉快，儿子一次不用礼貌用语的失误在我的提醒中及时改正了。

其实，孩子在养成一些基本的习惯，包括保持最基本的礼貌的过程中，有懒散的时候，也有走神的时候，也有想投机取巧的时候。作为家长，我们不应冷眼相对，而是应该坚定地、不厌其烦地提醒孩子，而且提醒应点到为止，以不造成冲突，不产生摩擦为度。

这就是我们所说的家庭教育。家庭本来就是孩子各种行为习惯的训练场，这里应该允许孩子出错，更应该允许孩子改错。所以家长朋友，当孩子出错的时候，记得先不要责怪他，及时提醒一句比什么都重要。当然，千万别说太多，否则就要掉进唠叨的深潭中去了。

儿子已经 10 岁，洗脚的时候他偶尔还会冒出“毛——巾——”的吆喝，但我随后就是一句提醒，提醒之后就是孩子有点不好意思的很礼貌的话：“爸爸，我忘记先拿毛巾了，帮帮忙好吗？谢谢你。”

我想，坚持让孩子这样说不是多余的。我们千万不可以无原则地爱孩子。永远不能被孩子支使甚至是驱使，这样会使他缺乏教养，缺乏对人的尊重。应该让孩子知道，只有尊重别人、心存感激才能得到帮助。如果孩子不肯说一句礼貌的话，那么我们就拒绝提供任何帮助，他就会明白缺乏礼貌不可能得到他人的帮助。为了能让孩子养成好习惯，我们就要随时注意他，随时提醒他，让他在我们充满了爱和关心的提醒中慢慢长大。孩子的成长，需要家长的教育，更需要家长的提醒，当孩子不小心犯错了，其实我们的提醒还是能到达到目的的。

（朱俊青）

第 5 章　学前教育

幼儿需要美感教育

美育即审美教育，又称美感教育，它主要是通过艺术手段，或借助于大自然和社会生活中一切美好的事物对孩子进行有目的的教育。它主要包括审美情趣和爱好、识别美丑能力、艺术才能和特长等，它是幼儿全面发展教育的重要组成部分。

在家庭中对幼儿实施美育，要充分了解和考虑孩子审美活动的特点，对其进行培养。我们可以通过大自然、日常生活、环境创设、艺术教育、游戏活动等多种途径来对孩子实施美育。

(一) 带领幼儿走近大自然

现在孩子的休息时间大多是在电视、电脑前度过，或者随父母去逛逛超市、到游乐场玩玩，缺少和大自然亲近的时间。家长要经常利用休息日、节假日带着孩子走近大自然，从身旁一草一木开始，培养孩子对美的感知、欣赏力。

走近自然。在春暖花开的时节，带领孩子观察农民春耕播种；在繁星密布的夏夜，指导孩子观察萤火虫的表演；在秋高气爽时，让孩子看晴空白云；在银装素裹的冬天，陪孩子堆雪人、打雪仗……

体验自然。父母带孩子在林中散步，在大树下躺一躺，去海边拾贝壳，或到菜园摘菜，去田里挖花生等，都会令孩子兴奋不已，从中体验到大自然的美妙和可爱。父母带孩子到郊外聆听小鸟的歌声、树叶被风吹响和踏着地面上落叶发出的沙沙声，可提醒孩子："你仔细看、听！""你看到了什么？""是什么样的？像什么？""是什么颜色的？你喜欢什么？""你有什么感觉？"等等，要求孩子进行具体形象的比喻和描述，也可以用绘画或动作来表现他的直接感受。

爱护自然。孩子的世界是纯洁无瑕的，在他们的心灵深处都有着对一切生命的怜惜与珍爱。孩子特别喜欢动植物，他们会对小鸟、小草说话……家长应尊重孩子的情感，从培养孩子爱护动植物、爱护自然开始，启迪孩子的爱心。

（二）注重幼儿的环境熏陶

环境是无声的教育，是孩子学习的重要途径。什么样的家庭，就有什么样的孩子。我们做父母的应努力为孩子营造一个富有魅力的家庭环境，使孩子在家庭环境的熏陶中，渐渐懂得什么是美，怎样珍惜美，从而使他们懂得怎样去生活。美好的家庭环境，对孩子审美情趣、审美理想和审美个性的形成，具有熏陶、感染和潜移默化的影响作用。

创造优美的生活环境。我们要把居住的环境布置得尽可能美观宽敞、色彩和谐、富有生气，物品摆放整洁有序，室内外做到绿化、美化、儿童化。对于孩子自己的小房间布置，要符合孩子的审美需要和特点，用一些活泼、生动的小动物来装扮，为孩子准备较低的开放式的小玩具橱和小书橱。要使孩子从家庭这个小小天地里处处感受到美的存在，体会到世界的美好，在不知不觉中培养他的审美情趣。

创设良好的家庭氛围。家庭中应充满着爱和温馨，对孩子应充分尊重和理解，养成民主平等的作风，培养幽默风趣的语言风

格。家庭生活应是富有情趣的，具有积极乐观的生活方式；家庭氛围应是活泼开朗、充满快乐的；家庭成员之间要相互关爱，和睦融洽。一个具有良好文化和艺术氛围的家庭环境，能使孩子体会到生活的美和艺术的美。文学巨匠鲁迅曾说："读书人家子弟熟悉笔墨，木匠的孩子会玩斧凿，兵家儿早识刀枪。"鲁迅先生自己小时候生活的家庭环境，就有一种很好的文学氛围。

父母良好的榜样作用。幼儿期是人的行为习惯初步形成的时期，培养孩子的文明举止等有教养的行为是美育的重要内容。父母的言谈举止、文化修养应成为孩子的楷模。要做到仪表端庄大方，衣着整洁，不断提高自身的修养和品质。毛泽东从小深受其母勤劳、善良等优良品质的影响，从而立下救人民于水火的远大志向，并为之奋斗一生，为人民立下了丰功伟绩。这不正是家长美好品质春风化雨、润物无声的结果吗？

（三）帮助幼儿接受艺术启蒙

家长要经常指导孩子欣赏以愉快、明朗的基调为主的音乐、美术、文学作品，用各种艺术手段感染孩子，培养他们的美感和创造美、识别美的能力。

培养幼儿对艺术的兴趣。在对孩子进行艺术教育时，要将以实现美育目标为主要任务的幼儿艺术教育与以训练某些专门技艺的艺术教育区别开来。现在不少家庭很重视对孩子艺术特长的培养，让孩子上绘画、舞蹈、钢琴等兴趣班、辅导班、特长班。跟踪调查结果表明，能持之以恒地坚持上艺术培养班的孩子不到一半，分析其中原因，主要和父母的主观臆断、盲从有关。一个幼儿园的老师曾经问过一位母亲，为什么让孩子上美术班，她说孩子的伙伴大多上了什么班，咱家的孩子也不能落后，就给他报了一个美术班。结果，这孩子上了几次就打退堂鼓了，原因是他一点也不喜欢画画。孩子们在家长的要求下不断地赶潮流，一会儿学美术、一会儿学钢琴，家长们也不厌其烦，陪学陪练，这些都违背了艺术教育的目的。幼儿审美教育是艺术教育的基础，它不以掌握大量的知识和技能为目的。在艺术教育中，我们不应一味地强迫幼儿按照成人的旨意和要求去操琴练舞、习字学画，这些活动是不可能在真正意义上满足幼儿的审美需求的。父母和孩子朝夕相处，在家庭中对孩子实施美育时，要善于培养孩子对艺术的兴趣，发现其天赋，发展其艺术才能。

培养幼儿表现美、创造美的能力。艺术教育的目的不仅是培养孩子对美的感知欣赏力，还要培养其表现美、创造美的能力。这就要求家长引导孩子多参加审美实践活动。如让孩子进行绘画、黏土、折纸、剪贴等活动，让孩子将看到的景物画下来或和孩子一起动手进行玩具小制作。现在的孩子玩的大多是现成的玩具，如果家长能和孩子一起用废旧泡沫、饮料瓶等制作一些玩具，相信孩子玩起来一定会更开心。在家庭中，我们还可鼓励孩子自己动手，做一些饰品或绘制一些画作来装饰自己的小房间，或对家里的布置大胆提出建议，然后动手改造，既培养了孩子动手动脑的能力，又实施了美育。家庭游戏也是对孩子实施美育的重要途径。家长应在游戏活动中，引导孩子使用美的语言，用美的行为表现美的形象。通过游戏促进孩子美感和美的创造力的发展，逐步增强孩子的审美能力。

（贾　明）

绘本里有大世界

家里儿童床的床头，有一个透明整理盒，里面大约可以放二十几本书，这小小的一角，收纳着儿子的“心头好”，也让4岁的他实现了读书的小小自由。

孩子接触书籍，大约从1岁多开始，那时为了给他做阅读启蒙，我和丈夫根据他在玩具上的偏好，准备了一些汽车类图书，让他接触并适应语言阅读。孩子很快便对这类书籍产生了兴趣，一本《名车》让他百看不厌，工程车系列的图书《洒水车休息》《好朋友大吊车》等，既有他感兴趣的各类车的形状、构造，也蕴含了爱、陪伴与成长的故事，建立起他对图书的初步印象和好感。

2岁左右，孩子的世界里有了恐龙，恐龙类书籍让他大开眼界，至此，汽车类退居次席。严格来说，孩子对恐龙类书籍的热爱，一开始仅仅出于对这类庞然大物最直观的兴趣，庞大的身躯、强大的力量、不寻常的长相，都能让他目不转睛看上许久。科普类恐龙书籍，如DK儿童百科超级大书《恐龙》等，让孩子眼里一直概念模糊的恐龙，第一次有了名字，霸王龙、剑龙、甲龙、翼龙、慈母龙……或张牙舞爪，或气势汹汹，占据了我和孩子一起读书的很长一段时光。随着孩子年岁的增长，有恐龙参与的故事类书籍，逐渐引起他的兴趣，宫西达也所著的恐龙系列图书《我是霸王龙》《你真好》《你看起来好像很好吃》《永远永远爱你》等书，以爱为主题，故事编排精巧，语言通俗易懂，却把跨越种族、地区、语言的大爱蕴含其中，整体呈现出平缓而克制的风格。在给孩子讲述这一系列书时，我也深深地沉浸其中。或许我和孩子从书中获取的信息并不相同，但并不妨碍我们共同感受到书中蕴含的浓烈情感。这一系列书，从孩子2岁讲到4岁，两年的时间里，我讲了近百次，他听了近百次，现在依然是他最爱的系列书籍。

孩子3岁以后，阅读范围逐渐扩大，《幼儿画报》《巧虎》等相关杂志，《猜猜我有多爱你》《松鼠先生和月亮》等绘本，都进入了他的视野。我清楚地记得，他主动翻看的第一本绘本是《爱吃饼干的小狮子》，这本绘本主要讲小狮子发脾气，小动物们很害怕，就把各种颜色、形状的饼干送给狮子吃，图书借助狮子刁钻的口味把图形分类、颜色分类等融入故事，孩子兴致盎然，经常因为自己会分类而感到自豪。为了引导孩子看一些汽车、恐龙之外的书籍，我特意选取了一些与食物、小动物相关的书籍，《猜猜我有多爱你》通过小栗色兔子的视角，生动展现了他与妈妈对彼此的爱；《松鼠先生和月亮》更侧重于趣味性，从一块奶酪被小松鼠等动物当成月亮展开，引人入胜；《幼儿画报》系列图书，每一本上都有红袋鼠、跳跳蛙与美食屋的故事，作为一名小小的吃货，这让他欲罢不能，每次都意犹未尽；再加上红跑跑等汽车类童话故事，算是图书里的“集大成者”，让孩子在一本书里尽享读书乐趣。

为了培养孩子的阅读习惯，我在孩子身高所及的地方放了一些书籍，如床头柜、书桌、沙发旁的书架和书架的底层等，为孩子营造了一个个小小读书角，让他随便走到哪里，总能不经意中看到、随手取到书籍，进而产生兴趣。目前看来，成效挺明显，我经常看到他坐在地上、倚在沙发边翻看我给他准备的书籍，现在甚至会搬凳子踩上去，找一些别的书籍来看。

如今，每晚的睡前时光，亲子阅读必不可少，一般两本起步。一开始，我选什么书，他就听什么书。3 岁多开始，他开始自己选书，而且对于讲述顺序也有了自己的想法，比如关于恐龙的绘本《我是霸王龙》和巧虎的《脚印》，他肯定先听《脚印》，再听最喜欢的《我是霸王龙》，孩子爸爸开玩笑地说，孩子以后肯定是一个耐得住性子的宝宝，会把最喜欢的留到最后。

随着阅读面和数量的增加，孩子已经开始给我带来通过读书而收获的惊喜。去年深秋的一个早上，我送他去幼儿园，到楼下时，发现大雾弥漫。孩子很惊奇，我告诉他，这是雾。孩子接着说："雾蒙蒙的森林里，突然传来一阵可怕的哭声，难道是威尔伯老狼又回来了?"我很惊讶，因为这是绘本《爱哭的猫头鹰》里开头的一段话，孩子很喜欢听，那段时间他基本每晚都要听一遍，以致能随口背诵了。"大雾"这个词汇，在那天早上从书本走进现实。

引导孩子在绘本里发现大千世界，感受文字魅力，放飞瑰丽想象，在我看来，是送给孩子最好的礼物。

（梁丽琴）

自 律

“爷爷,不要你帮我,我能自己穿。”早晨,我总会被儿子小屹拒绝爷爷帮助他穿衣服的声音喊醒。

“爷爷,你可不要多吸烟啊,说好的每天 3 支。”发现爷爷在吸烟,小屹总会认真地提醒。

……

当发现现在小屹越来越自律,而且会用他的自律感染身边人的时候,我感到了些许欣慰。

M·斯科特·派克在《少有人走的路》里写道:“自律是解决人生问题主要的工具,也是消除人生痛苦最重要的方法。”俞敏洪也说过:“没有自我管理,人生难以变得更好。”大概没有家长不希望自己的孩子自律的吧,我也一样。去年,眼看着儿子快上小学了,在爷爷奶奶无微不至地照顾下,小屹还是衣来伸手、鞋来伸脚,什么时候该做什么事情都要家长喊话,晚上做作业更是做完了就万事大吉,不求质量不求效率,我急得像热锅上的蚂蚁。

因为工作原因,我一周要上 5 天夜班,这 5 天不能陪伴小屹做晚功课,对此我很愧疚。为了帮助小屹养成自律的好习惯,我盘算着跟他一起制订一个详细的日常生活学习安排表。之所以选择和他一起协商,而不是我制订好让他枯燥地执行,是因为我想只有小屹愿意参与制订才有可能很好地执行。和小屹沟通后,他表示要改掉自己的毛病,热情高涨地要和我一起拟订计划。于是,趁着周末,我们完成了一张涉及近 30 项内容的表格,内容详尽,从起床时间、吃饭用时、出门时间,到自己穿衣服、自己吃饭、自己穿鞋、自己做作业，再到课堂开小差、不愿意上学、上台领奖，再到晚上复习、预习、收拾书桌书包等等，事无巨细，完成好的会得到小贴花奖励，完成不好的则会加倍扣除小贴花，积满100个小贴花会得到相应奖励，一旦扣除小贴花就会面临严厉惩罚……

每一项，都是我们根据实际情况讨论定下的。比如对于早上起床的时间，小屹说学校就在家门口，可以7点20分起床，赶得上8点之前到校。我帮他分析，根据他的实际情况，起床会很迅速，但穿衣服会比较耽误时间，因为以前都是爷爷帮穿的，现在自己穿，起码要5分钟以上，这样起床穿衣大概要8分钟，刷牙洗脸要8分钟，吃早饭一般10分钟搞定，上学路上要10分钟，算下来40分钟是够了，但是如果高峰期等电梯耗费时间更多怎么办，那不就迟到了？小屹想了想说："那就7点10分起床吧，这样7点40分出门，路上留20分钟。"我摸着他的脑袋，微笑着表扬他："这样安排考虑很周全呢。"一学期下来，小屹早上都是7点10分之前起床，坚持自己穿衣服、洗漱、吃早饭、穿鞋，不让爷爷奶奶插手，而且从没迟到。

我们严格按照表格执行计划，小屹几乎每周都能得到100个小贴花，获得奖励购买心仪的物品。但也有被严厉惩罚的时候，那是一次不愿意上学的经历。那天中午，我因为单位有事，没能回家陪他。中午上学时，小屹突发奇想要穿两只不一样的鞋子，爷爷奶奶强硬拒绝了，小屹哭了，闹了情绪，不愿意去学校。后来晚上我回家跟他聊天，才知道他是因为好奇："为什么一定要穿两只一样的鞋子？"所以他想尝试两只脚穿不一样鞋子去上学。我抚摸着他的头，看着他的眼睛温柔地对他说："对于你的好奇心和探索精神，妈妈是要表扬的。但是不能因为好奇而违反规则，你触犯了很严重的一条'不去上学'，所以要按照规定扣除你50朵小贴花。"小屹接受了惩罚，从那以后，不愿意上学的事情再没发生过。

新学期开始了，小屹和我又一起制订了新的学习生活表，这一次他参与更多，积极找出自己的不足，要求如果做不好就扣除更多的小贴花。看得出，他是十分认真和努力的。

（王　静）

第 6 章 家庭生活

外婆家的日子

每年暑假，是我和女儿最欢喜的日子，因为我们可以有两个月“外婆家的日子”。

“外婆家的日子”，越想越觉得这个名字是再合适不过了。“日子”一词很平常，但加了一个“外婆家的”，就会让人产生很多联想和回忆，有了许多甜蜜的味道。我想，女儿也定是和我一样想，才给这段时光一个这样的名字。

“外婆家的日子”里有鲜花、有故事、有成长。

母亲极爱养花，虽然她看上去只是一个皮肤黝黑、满脸皱纹的农村老太太，但她的心却鲜活得如同一个少女。她养的花是从院内开到屋里的。我们回家的日子虽已过了百花争艳的时节，但老家的院子里仍然是姹紫嫣红，我和女儿最喜这一院的美丽。

她养的花，我们能叫出名字的极少。院子的花品种很多，有的开在盆里，有的开在院子角落里，有的开在菜地里。这些花不仅开在了地上，开在了树上，还开在了墙上。每每看到这一院子的美，我的愉悦中总要透出一点忧伤，生活似乎是欠了眼前这位老太太一个说法的，如果早些善待于她，她该会琴棋书画的。

但母亲并不如我这般想，她只说，什么样的日子，尽力就好，总也能过好的。她还说，现在就是她想要的日子。

母亲没把她这一生活在埋怨里，也没让她的儿女们活在埋怨里，她总能让辛苦的日子过得不那么辛苦，她总能给予她的子女们花一样的情怀。等到她的日子终于从柴米油盐熬到了诗情画意的时候，她便又想将满腔的热爱传给她的外孙女，希望她们以后也如自己一般美好地生活。所以她会不厌其烦地一遍一遍地说与我们这些花的花名、花期，我知道，她想让我们也成为爱养花的人。

母亲喜欢养花，更善绣花，只是她的花绣在了父亲和我们的脚下。

在母亲那一代人的说法里，那不叫“绣鞋垫”，叫“纳鞋垫”，“纳”字比“绣”更有力一些。纳鞋垫实在是很费力的一件事，要做模子、打面浆、粘布（抿格边）、拟模、贴面、镶边、绣花……绣花是最费功夫的，母亲纳的鞋垫是厚厚的一层，手上要戴着顶针，不然，针再怎样也穿不过去的。费力地纳好以后，用刀子从边缘慢慢地割出形状，一双鞋垫就做好了，鞋垫上毛绒绒的一层，柔软得很。母亲的顶针是终日都戴在手上的。虽是如此，手上还是有许多黑色的针眼。

母亲纳的鞋垫样式多种多样，最多的还是花朵式样的，花朵也多是不同品种。

我从小就惊奇于母亲的绘画技艺，一朵花的样子转瞬间就能绘在鞋面上，没有仿照，没有修改。我想，这是一种天赋，更是一种热爱。

每年暑假，待我们回乡，她就又会拾起她的工具来，做模、打浆、贴面……女儿现在的年纪已经可以做她的小帮手、小接班人，她便手把手地教女儿纳鞋垫，当然，最费力的环节都是母亲的。女儿画的是小花、小兔，母亲绣的是“平平安安”“吉祥如意”……这一双双鞋垫曾经纳给她的丈夫和子女，现在都纳给了我的丈夫和子女。我想，女儿在母亲这里学到的不仅仅是纳鞋垫的手艺，还有这手艺里的一份份心意，以及对家人的爱与责任。

我的女儿在外婆那里听了许多老故事，老房子的故事、老杨树的故事、老石磨的故事……这些故事都被抹去了苦涩的味道，充溢着人性的温暖。她说人不能忘本。她所说的不能忘本，是不能忘恩，所以种在自己院子里的瓜果蔬菜多数都赠与了别人。暑假里的很多个清晨，菜园里都有忙碌的祖孙俩。

母亲一直都在用她最坚忍的毅力和最恒久的热爱过着日子，一个人，如果生活里充满了热爱和坚毅，有什么是不能面对的呢。

（包振花）

全家动手成就美食

虎年春节,仍处在常态化疫情防控期间,我们积极响应国家号召,就地过年,非必须不外出。

春节期间,我们一家人在家相互陪伴,学习看书,跟着网上美食视频学做美食。炸藕夹、灌香肠、烙手工煎饼、蒸包子,这些都学会了,全家人和和美美,开开心心过了一个传统的团团圆圆的春节。我们还带着孩子一起做饭,锻炼了孩子的动手能力,也品尝了孩子的孝心。

我们和孩子一起开展实操的第一款美食就是炸藕夹。这款美食还是我 1992 年刚来淮工作时,最先学会的美食。结婚生孩子后,这款美食也成为孩子的最爱,家庭餐桌上的经典菜。一般情况下,炸一次藕夹,孩子要消灭一半。这次假期在家,听说炸藕夹,孩子自告奋勇要求参与,我们也欣然同意。孩子积极性很高,全程参与了制作,我们则在一旁进行指导。

炸藕夹,首先是选主材料藕和肉,我带孩子去菜场选藕。我告诉孩子,藕要选外形浑圆粗壮的藕,这样炸出的藕夹摆放装盘时,大小一致,整齐划一,更上相。肉需要那种肥瘦适中的五花肉,当然,现在也可根据个人喜好,不爱吃肥肉的就瘦肉多些。

主要原材料买来后,先备馅。我告诉孩子,以往的藕夹之所以好吃,有一个重要原因——肉馅是手工剁出来的。我让孩子选择,是手工剁肉,还是用绞肉机绞肉。这是孩子第一次主厨炸藕夹,必须要成功,一切都想做到最好,他自然选择手工剁肉馅。

整整两个小时，孩子手持菜刀，乒乒乓乓地剁。尽管戴了手套，手心还是磨出了泡。孩子心悦诚服地说："今天手工剁肉，才知道美食来之不易。"

肉糜加葱、姜、胡椒和鸡蛋液，我又让孩子手工搅拌了10分钟。

再备藕，藕去皮，将藕切成双飞片。第一刀切到莲藕截面的3/4，不要切断，第二刀再切断，两片藕片厚度大概是0.5厘米左右。如此循环，切成一个个夹子。

孩子对这道工序更有体会，开始切出的是厚薄都有，还有一半是断了的，光是清理下来的废品，就让我们家整整吃了三顿的糖醋藕。

包藕夹，相对简单，孩子一学就会，把肉糜塞进藕片中，稍用力挤压，让两片藕片的每个藕片孔都充满肉糜。

藕夹包好后，再放进面糊中打个滚浸润一下，让藕夹全身包裹一层面糊，这样，后面下锅炸时，能保护里面的肉糜和藕不致被热油炸焦。至此，前道工序全部完成，转入炸藕夹工序。

我指导孩子往锅里倒油，加温至六成热。放入藕夹慢火炸至浮起来后捞出。然后等锅里油烧至微微冒烟,将藕夹回锅复炸至浑身金黄,捞出控油。第一遍为低温炸熟,第二遍高温炸酥上色。如果一直用小火低温炸,外皮不脆;一直用大火高温炸,则容易炸糊或炸干。同时,复炸还能将初炸吸入的油“逼”出来一些,降低藕夹中的含油量,让藕夹油而不腻,口感更好。

炸好的藕夹,爱人喜欢撒上椒盐,改变一下口味;而孩子更钟爱二次加工制作,将加工好的糖醋、番茄酱口味的酱汁浇上,味更美,说是为美食锦上添花;我则喜欢原味吃,可以更大限度地保持美食的本真口味。

美食,除了带来味觉上美的享受,更有制作者融入的对食材的敬重和对客人的尊重。一招一式,倾注了制作者的情感。作为美食的享用者,在品尝每一道美食时,也应该尊重食物,更尊重制作者。

有了第一次之后,孩子对厨房也有了新认识,节日期间,我们又相继灌了猪肉香肠、糯米肠,做了松鼠鳜鱼等美食,孩子也都全程参与了进来。

家人一起成就美食,让家庭成员之间的情感在厨房的热气腾腾中得到进一步升华,孩子也获得了成长。

（齐　新）

没有缺席的父爱

提及每个人成长过程中的老父亲，多数人不由自主地会想到各种各样的描述与表达——父爱如山，高大而伟岸；《三字经》中的“养不教，父之过”；朱自清笔下《背影》中那位沧桑的“他”……然而，对于学前教育阶段的孩子来说，在成长过程中不缺席的父爱力量比什么都重要。

数天前，身为记者，我采访了一位独自带着两个幼小孩子远离老家，来淮打拼的年轻母亲。在采访现场，倾听着坚强的她静静地讲述着自己的生活故事，自认为内心还算强大的我不由被感动得眼眶湿润。为了生活，她支持老公去了省内其他城市打拼，坚强的她选择从徐州老家带着两个孩子来到淮安。他们结婚 10 年，一家人分开了 10 年，在孩子成长过程中父亲缺位了 10 年。如今，面对缺席父亲陪伴的儿女，年轻妈妈内心充斥着对孩子无法弥补的遗憾。

“就像一位老友亲眼目睹我的经历一样，谢谢你！”稿子见报后，我第一时间推送给这位母亲。独自带娃拼命忙于生活的她告诉我，她第一次发现原来自己的生活如此励志。她发来的一条微信留言，刹那间也让我感觉亲切无比，心灵距离如此之近。远走他乡，一人带娃，孩子父爱缺失……有着类似经历的自己感同身受，能够体会她生活背后的艰辛与不易。

屈指一算，我和老公从河南来淮已经 10 年了。看着现在上小学三年级的女儿，对当初一人带娃数年的自己依旧佩服不已，同时心中还泛起一丝丝庆幸，庆幸在女儿成长的路上，我和老公没有留下太多遗憾。

从女儿出生到上幼儿园大班，我一个人带娃又要上班，活成了别人眼中的“超人”。在南京工作的老公虽然每周末都会驱车回来，但依旧错过了女儿牙牙学语、蹒跚学步时期的每一刻成长。不知何时，“爸爸”成了女儿小小心灵中的最熟悉的那个“陌生人”。面对老公每一次的归来与离去，一周未见爸爸的女儿没有过多的惊喜与反应，每次见面开口喊“爸爸”更成了女儿不太情愿的事情。女儿好不容易叫上一声“爸爸”，在老公看来，那是女儿给予他的最“奢侈”的待遇，能让他因此激动好久……由于女儿长期是我一个人照料，难免顾此失彼，她虽然乖巧懂事，却也害羞胆怯，每每接触到外人时，总会不好意思地躲在我的身后。如此努力生活的我们，在教育女儿方面到底哪里出了问题？一时间成了困扰我和老公的最大难题。

人生许多事，往往在不停地做着取舍抉择。面对女儿无法重置的成长，我和老公再三商量，在女儿上幼儿园大班下学期，老公放弃了在南方收入还不错的工作，回到了淮安白手创业，从此也有了更多时间陪伴女儿成长。每天早晚的接送、手工作业的协作努力、周末单车的外出同行、偶尔的撒娇任性与包容……无时无刻的陪伴，老公慢慢地成了女儿无话不说的“知心人”。

“当时，如果我在南京不回来，你会不会同意？”后来，自己把采访年轻妈妈的故事告诉了老公，他反问着我。看着如今阳光开朗、能说会道的女儿，老公和我的心中早有了答案。

（秦艳艳）

第 7 章　灯下夜话

把手机放进“养机场”

每到年终岁尾，我们公司都会开展员工技能提升培训，用一种特殊的方式迎接新年。2022 年的跨年培训，公司特意聘请了一位外部机构的资深讲师。外聘讲师站在台上还没开课，便给我们来了个下马威——当我们依惯例把手机调至静音模式时，讲师居然要求大家把手机放到指定的“养机场”，不到中场休息，谁都不能看手机。这下我们可傻眼了，望着表情严肃的讲师，大家极不情愿却又万般无奈地上交了手机。一整天的跨年培训，讲师的授课可谓精彩绝伦，身边少了手机的干扰，大家的培训效果也尤为显著。培训结束时，同事纷纷感叹：看来，手机真的没那么重要啊！

傍晚回到家，女儿正在书桌前写作业。看着女儿端正笔直的背影，我竟有种久违的感动，内心不免涌起深深的懊悔和自责。记不清有多久了，每天晚上，我和爱人背着女儿各自偷玩手机，丢下女儿自己写作业，还经常嫌她学习效率低……

当天晚上，我宣布了一个重要决定：新的一年，把手机放进“养机场”，陪女儿一起学习，共同进步。女儿听完，开心得不得了，终于说出了潜藏已久的心里话：“爸爸，每次去您房间，发现您和我妈紧溜儿扔下手机的尴尬样，我心里别提多别扭了。”女儿话音未落，爱人的脸已经有些红了。是啊，很长一段时间，我俩总是为白天的忙碌工作找理由，试图用玩手机的方式“减压”，可除了越来越差的视力，越来越酸痛的颈肩，我们究竟收获了什么？而女儿，白天在学校上课，晚上还要完成当天的作业和明天新课的预习，我们的懒散状态，又怎能让女儿心服口服呢？

说到做到。晚饭过后，我把家里的一张旧书桌搬到了女儿房间，与女儿背对背成了“同班同学”。为了不留后路，还特意把我家的“养机场”设在了女儿房间的窗台上，由女儿担任监督员。当然，手机放进“养机场”前，我没忘叮嘱爱人事先发个朋友圈，提醒圈中好友，晚上不玩手机，不看微信，有急事，打电话。

宁静的夜晚，坐在久违的书桌前，一杯淡茶，一本早就想读却一直被耽搁的文学名著，竟然成了我的全部。柔和的灯光下，纯白的纸页，透出淡淡的墨香，背后的女儿笔尖碰触纸面发出的“沙沙”声颇像奋进的鼓点，为我们的新年计划助力远行。隔壁房间里，爱人又取出了搁置已久的十字绣，一针一线，绣出了内心的喜悦和对生活的热爱……前不久，国家推出的“双减”政策，让女儿也有了更充裕的时间统筹安排自己的业余生活，一些优秀的文学作品，经由我的手传到女儿的手里，我们父女之间有交流，有碰撞，激起思想的火花。偶尔，爱人也会端着水果进屋参与其中，窗台那边“养机场”里的手机静默不语，却见证了我们一家三口的甜蜜温馨。良好的家庭氛围，让女儿如沐春风，信心倍增，学习效率进一步得到了提升……

新年伊始，我和爱人选择了与手机“断舍离”，用陪伴的方式重新找回遗失的美好和久违的温暖。放下手机，看见爱，值了。

（刘士帅）

愤怒的空气

那是一个吸一口空气都觉得甜丝丝的年龄，7 岁的马尔克斯正在外祖母家院子里玩耍。忽然，他看到外祖母艰难地一瘸一拐回来了，脸上还有道道血痕。

马尔克斯赶紧上前搀扶起外祖母，惊讶地问道，您这是怎么啦？

外祖母说，是我自己不小心跌倒的。

看着外祖母艰难地迈着步，马尔克斯心想，外祖母这一跤摔得可真不轻啊！

马尔克斯走出院子，看到小伙伴冈察雷斯、厄里亚士正在草坪上踢足球。两个小伙伴看到马尔克斯过来了，关切地问他外祖母的伤情。

马尔克斯说，外祖母说跌得不太重，过几天就会好的。

两个小伙伴惊讶地说道，她不是跌倒的，是被瓦西里家的小儿子推倒的，我们都看见了。

马尔克斯听了，吃惊地问道，瓦西里家的小儿子为什么要打我外祖母？

冈察雷斯气愤地说道，瓦西里家的小儿子说你外祖母家养的鸡跑进他家菜地偷吃了他家的菜。你外祖母说，我家没养鸡，肯定是你弄错了。可他二话没说，就把你外祖母推倒在地，还踢了她几脚，我们都看见了。后来，我们把你外祖母搀扶起来，你外祖母硬要一个人走回家。

马尔克斯听了，脸色一下子变了，转身跑回了家，从院子里找了一根木棍，怒气冲冲地就要出去。外祖母看见了，赶紧喊住了他，问道，马尔克斯，你要干什么去？

马尔克斯气愤地说道，我去找瓦西里家的小儿子算账去，他刚才打了您，我就要跟他算账，好好教训下那坏小子。

外祖母严厉地喝斥道，马尔克斯，你这样做，就像童话里的黑色铁头一样，一点智慧也没有，只会蛮干。

马尔克斯说道，难道就这样算了？

外祖母微笑道，你过来，听我跟你说。

马尔克斯慢吞吞地走了过来。外祖母抚摸着马尔克斯的头，温柔地说道，孩子，把你的愤怒吹在空气中，就是对他最好的惩罚。

马尔克斯不解地问道，把愤怒吹在空气中，他能感觉到吗？

外祖母微笑道，孩子，你很聪明，你就像童话故事里聪明的蓝精灵。刚才瓦西里家的小儿子也只是推了我一下，我岁数大了，被他这么一推，也就跌倒了。过不了多久，他一定会知道是误会了，他会感到内疚的。孩子，不要使愤怒扩大化，让那些生活中偶尔出现的细微愤怒，很快在空气中化为乌有，这才是一个人的智慧和聪明。

马尔克斯静静地听着，他的脸上渐渐有了笑容。外祖母将马尔克斯搂在怀里，笑道，孩子，让我继续给你讲蓝精灵智救花喜鹊的故事吧……

一晃，又一晃。在外祖母那些扣人心弦的童话故事中，马尔克斯渐渐长大了。上学了，他认识了许多字，学到了许多东西，不知不觉，他深深地爱上了写作，并且很快地就表现出很高的写作天赋和才能。

1982 年，马尔克斯凭借其著名文学作品《百年孤独》获得了诺贝尔文学奖。他在获奖典礼上深情地说道，我的外祖母曾经告诉我，一个人，只有把愤怒吹在空气中，让它化为乌有，才能轻装前行，做好自己喜欢做的事。

（李良旭）

第 8 章　家教文萃

和孩子谈责任

儿子放学回家，一进门就喊累。我问他为何？答："最后一节课我们初一年级大扫除，我们小组负责清理西操场，只有王亮、赵恒和我坚持到最后。其他人都走了，我们三人合力把垃圾抬到东操场垃圾堆旁才回来。"我立刻拍了拍他的肩膀说："你们三个是好样的，是负责任的男子汉。"儿子笑问："什么叫责任？"我说："责任，就是做好你应该做的事情，《现代汉语词典》上解释，责任为分内应做的事，即承担应当承担的任务，完成应当完成的使命，做好应当做的工作。"一个负责任的人，才有存在的价值。

我们每个人在家庭、社会生活中都负有不同的责任。我们要对家人负责，父母要抚养好未成年子女，成年子女要赡养年老的父母，我们对朋友要以诚相待，真心帮助。长大踏入社会，如果你是老师，你的责任是教书育人；如果你是医生，你的责任是为病人除疾去患，救死扶伤；如果你是警察，你的责任是惩恶扬善，守护一方安全……对自己所做的事负责，是一个人的精神素质和高贵品格。爱默生曾说："责任具有至高无上的价值，它是一种伟大的品格，在所有价值中，它处于最高的位置。"

一个人对自己做的事要高度负责，因为你对事情的态度决定你对人生的态度，从而决定了你的人生成就。翻开中国历史，那些彪炳史册的政治家、军事家、文学家都是以"国家兴亡，匹夫有责"

作为自己的行为担当，他们不畏艰难困苦，不计个人得失，即便面对生命危险，甚至慷慨赴死也在所不惜。像中国共产党的许多优秀代表：瞿秋白、张太雷、恽代英、邓中夏……他们的生命短暂而伟大，他们的名字和形象将永远镌刻在人民的心中！林肯说："人能够担负的责任，我必定能够担负；人所不能负的责任，我也能担负。如此，你才能够磨炼自己，求得更高的知识而进入更高的境界。"责任能锻炼一个人的能力，一个人要是没有负责任的态度，他就会放松对自己的要求，得过且过，今后在社会上会处处碰壁，失去做人的价值。所以，一个没有责任心的人是可耻的。

作为中学生，时刻要铭记自己的责任担当——未来祖国的建设者！从现在起，给自己定下明确的目标，把目标当成自己的责任，刻苦学习，努力拼搏，练好过硬的本领才能"挺起脊梁担事"，长大才能把我们的国家建设成为世界一流强国！

（周丽华）

让孩子多掌握点生活技能

当孩子有危险的时候，很多父亲想到的往往是帮孩子脱离危险，甚至代孩子受过。当你无法帮孩子脱离危险，想代孩子受过也不能的时候，怎么办？那就只能靠孩子自己，那就需要孩子具有脱离危险的勇气和本领。

这勇气和本领哪里来呢？这勇气和本领来自于父亲。这是影片《银河补习班》给我们的答案，我认为这是无比正确的答案。

“人生并非都是坦途，遇到困难，面对失败，要敢于面对，永远不服输。”这是马皓文鼓励马飞，即使现在学习成绩低下，但只要不认输，永不放弃，勇往直前，一定会取得胜利。

也正是在父亲的鼓励和陪伴下，马飞终于爱上了学习，成绩也突飞猛进。这是多么令人鼓舞的事啊！但马皓文并不满足于此，他深知：对于孩子的教育，不仅是学习书面知识，还要掌握各种生活技能。

在马皓文的教育下，马飞两次面对死亡，都成功脱险。在百年一遇的洪水面前，马飞通过父亲教给他的生活技能，在大难面前救了自己，这正是健康教育下的他强于其他人的地方。

马飞成为航天员执行任务的时候，飞船被不明飞行物击中，与地面失去联系，飞船处于危险之中，宇航员很可能回不去了。在绝境中，马飞回忆起自己那个最了不起的爸爸。是父亲的话激励他不放弃，遇到困难寻求解决的办法。马飞又一次与死亡擦肩而过，圆满完成了航天任务，顺利返回地面。

试想：如果没有爸爸马皓文的生活技能教育，哪来儿子马飞洪水中的自救；如果没有洪水中的自救，哪来银河系中的脱险！

我们一直在寻找着最好的教育。什么样的教育才是最好的教育呢？我们家长不约而同地选择了给孩子施压。“没有压力就没有动力！”可是，压力有了，孩子的动力呢？发自内心的才是动力。

《银河补习班》补的是什么？不是知识的多少，而是战胜困难的勇气、永不放弃的精神和勇往直前的气概。

教育其实就是培养孩子们解决问题的能力，这种能力是孩子终生受用的财富。这才是教育的根本。

建议更多的家长观看《银河补习班》，学学马皓文的教育理念和教育方式；建议更多的孩子观看《银河补习班》，学学马飞在极端困境中成功脱险的经验。让更多的家长和孩子明白：比标准答案更重要的是解决问题的能力。有了它，孩子们才能自如地迎接人生中各种各样的挑战。

（杨培银）

把教育换成孩子喜欢的样式

参加过一场家庭教育分享会,其中一位家长教育孩子的方法很值得我们借鉴。

这位家长是孩子的奶奶。

一个周末的晚上,孩子的妈妈带孩子在家。孩子说饿了,要吃零食,又要喝牛奶。不一会儿,孩子就把零食、牛奶,在脸上、身上抹得到处都是。孩子的妈妈跟着撵,要带孩子去洗手间进行清理,孩子正在兴头上,躲着不肯去,和妈妈在家里玩起了猫追耗子。在孩子奔跑躲闪的过程中,牛奶洒得更厉害,连家里的地板上都滴了不少。孩子的母亲由开始的责备到最后的愤怒,而孩子也由开始的好玩,变成了后来的害怕,最后吓得哇哇大哭,边哭边说:“不洗、不洗,我早上洗过了。”

孩子知道自己今天早上洗过了,但不知道,现在弄脏了,也要及时洗。面对即将爆发的母子大战,孩子的奶奶拦住了孩子的妈妈。她和颜悦色地对孩子说:“宝宝,刚才吃了好吃的,又喝了牛奶,现在奶奶带你去玩水好不好?”

听到说还可以玩水,孩子当然高兴了,立即雨转晴,跟着奶奶一起到了洗手间。这位奶奶还拿了一只小鸭子,告诉宝宝,小鸭子也想和他一起玩水、洗澡,孩子特别高兴,高高兴兴地放下手中的零食和牛奶,和小鸭子一起洗澡去了。一场即将爆发的战争和平化解,孩子洗过澡也累了,最后乖乖地睡觉去了,把刚才的不快也忘记了,教育取得了圆满成功。

这样的教育场景,在我们家庭教育过程中经常发生,遇到孩子拗着来,不配合怎么办,强制地把他拉回来,用家长威严,甚至动用暴力强行阻止?显然不行,这样伤了孩子,也影响亲子感情,更不易让教育目标达成,从而影响对孩子的教育效果。而奶奶此举,值得借鉴,把教育活动换成了孩子喜欢的样子,孩子就乐意接受,并能获得良好的效果。

(仲启新)

第9章 教师手记

为学生插上腾飞的翅膀

一天,我正在办公室批阅学生作业,突然接到一个电话,是一名毕业多年的学生打来的,她说:“老师,我现在通过了招聘播音员的笔试部分,马上要进行面试,心情好紧张哟!”

“要充分相信自己的实力,我相信你会一举成功,退一万步讲,即使失利了,也没什么,你年轻,身体好,有了这两条,遇到什么困难还不能克服?”我在电话中耐心安慰她。

“老师,听到您的声音,我就不紧张了,刚才双腿和双手不停地颤抖,心里也咚咚咚地跳个不停,现在心情好多了,我马上就要面试去了,老师再见。”说罢她就挂断了电话。

几天后这名同学又打来电话:“老师,我顺利通过面试了。谢谢您的鼓励!”

很多时候,老师对学生能够点石成金,不是因为老师有多么厉害,而是我们的孩子对一些未知事情的认知,还处于朦朦胧胧的阶段时,老师的期待和鼓励往往成了他们前进的动力和努力的方向。

有一次,我们班上的小孙同学参加全县组织的演讲比赛,我在学校打听到她比赛出场的顺序,当她准备上场前,我打去电话,在电话那头,小孙沮丧地说:“老师,前面的选手演讲好厉害哟! 我越听心里越紧张,也越没谱,我恨不得不上场了,免得出洋相。”

“全县的几个选手,哪个我不知道? 你是当局者迷,我是旁观者清，老师心里清楚得很，凭实力，如果我的学生不拿第一名，就没有人敢拿第二名！”在电话中，我及时对她进行了比赛前的动员、鼓励和安慰。

“老师，您比我还自信！”小孙听了我的话，在电话中哈哈大笑。

“不，不是自信，是对参与演讲者的充分了解，退一万步讲，你失误了，也没什么，老师相信你的实力，迟早还会夺回第一的。”为提升她参加比赛的信心，我在电话中对她进行强化鼓励。

演讲结束后，比赛名次刚公布，小孙就给我打来电话：“老师，你好厉害哟！说得真准，我真的获得第一了。”

其实“对”那些参加演讲比赛的同学，我除了她，一个都不认识，在她非常焦虑和不安的时候，我的期待和鼓励就像给她送去一场及时雨，滋润着她浮躁不安的心灵，促使她充满自信地走向了演讲台，将自己的演讲水平发挥得淋漓尽致。

学生的可塑性太强了，他们非常容易朝着老师期待和暗示的方向前进，所以老师面对学生，千万不可胡言乱语，更不能给学生送去消极的思想，带去不良的情绪，而要根据他们的能力和性格，帮他们指引一条正确的、通过自身努力能达到终点的道路。

我曾教过一名学生，学习很努力，但每次考试成绩公布后，都不理想，这名学生慢慢对学习失去了信心。一次考试后，她的成绩极差，情绪低落，我将她请到办公室，好心安慰她：“你智商很高，许多难题你都能做好，现在成绩不理想，不是智力问题，而是因为你在努力的同时，其他同学比你更努力，你与那些不努力学习的同学相比，你成绩不是高他们一大截吗？成绩的取得不可能一蹴而就，需要的是持之以恒地努力，某个阶段的失败或成功，并不能说明什么！按照你这样的学习态度和钻研精神，我敢肯定，你将来在高考中一定会取得优异的成绩，而且还相信，你将来也一定是我们班中，率先考取研究生的同学之一！”

若干年后，我接到这名同学的电话："老师，我考取了研究生，我们学校在这个专业，只招收了八名研究生，我的初试成绩和复试成绩都是第一名，其他几个学生都是来自重点大学的本科生，就我一个人来自普通本科大学。"

老师不是算命先生，老师不一定能准确地预测学生的未来，但我们可以利用学生对老师的信任，在期待中为他们的茁壮成长插上美丽的翅膀。

有一名学生，学习非常努力，但成绩却非常差，这让他极度失望和沮丧。一次考试后，他再次"荣获"倒数第一名，拿到成绩单，这名学生欲哭无泪，认为自己根本就不是读书的料，决定辍学，另寻其他出路。他将这个想法告诉班主任之后，班主任对他说："成绩差怕什么，越考越差，越差越考，将来一定会成长为企业家！"班主任还告诉他，企业家精神就是锲而不舍，不怕挫折，越斗越勇，你成绩这么差，学习还这么努力，不正是上天在有意培养你的企业家精神吗？

这名学生后来成绩虽然没有上升多少，勤奋程度和学习热情却一点都没降低，若干年后，果然成了当地有名的企业家！

送给学生一份美好的梦想，传递给学生一份孜孜不倦的前进动力，为他们插上腾飞的翅膀，也许在某一天，学生就会将老师送给他们的这份期待转变成现实。

（董建华）

让学生真正地阅读

时下，不少语文课堂已经很少听到阅读的声音了，代之以所谓的训练、习题。传统意义上的阅读渐渐退去，有的早读课上甚至也听不到朗朗的读书声了，而是听写、检测、做题目。笔者认为，我们要让学生真正地阅读，要让阅读真正落到实处。

“语文”，本来就是由“语”和“文”两部分构成，既指语言文字，也指口头表达之“语”和书面表达之“文”。因此阅读优美的语言文字，诵读经典的名家篇目本来就是语文课不可或缺的一部分。我们这些从事语文教育工作的人，尤其要固守这块宝贵的阵地，千万不可荒废。

真正的阅读，从阅读语文课本开始。

语文课本，是教材编辑委员会历经千辛万苦从浩如烟海的文章书籍中遴选出来的，本身就凝聚着编辑的辛勤劳动，值得学生深入地开展阅读。阅读《岳阳楼记》，我们会启迪学生感悟到范仲淹“不以物喜，不以己悲”的旷达胸怀和“先天下之忧而忧，后天下之乐而乐”的远大抱负。阅读《醉翁亭记》，我们会感受到欧阳修那“与民同乐”的崇高思想境界。朗诵《享受生活》，我们会为海伦·凯勒那不屈的坚强的意志而折服，会在面临挫折的时候，从海伦·凯勒身上汲取前进的力量。阅读《鼎湖山听泉》，我们会陶醉在祖国优美的大自然之中，感受到祖国的山水之美。即使是语文自读课本上的文章，也是为人推崇的好文章，值得向学生大力推荐，利用阅读课的时间让学生广泛阅读。

真正的阅读，从阅读优秀作文开始。

现在学生的习作，基本上是练了一年又一年，其结果还是原地踏足，不少学生也对自己的作文缺乏热情，失去信心。那么，就让我们引领学生从阅读优秀的作文开始。我们既可以引导学生阅读优秀的名家名篇，也可以引领学生阅读优秀的作文片段。我们为学生订阅了《美文周刊》《中学生作文报》《作文与考试》等报刊，用新鲜的时文开阔学生的眼界。我们将优秀作文分门别类整理，从作文标题、作文开头、精彩的描写、优秀的片段、照应和过渡、出色的结尾等方面引导学生、帮助学生整理这些作文材料，用他人的作文经验来丰富学生的作文视野。我们还引导学生编辑班级作文小报《芳香满地》，搜集整理学生平时习作的优秀稿件，用身边的力量、用学生的习作来鼓舞学生作文的士气。

真正的阅读，从背诵名家片段开始。

我们这些经历正规传统教育的人，至今还会清楚地背诵一些名家的经典片段。比如鲁迅的《从百草园到三味书屋》中："不必说碧绿的菜畦，光滑的石井栏……"比如诸葛亮的《出师表》："亲贤臣，远小人，此先汉所以兴隆也……"比如欧阳修的《醉翁亭记》："野芳发而幽香，佳木秀而繁阴……"这些耳熟能详的精彩篇章，滋润了一代又一代学生的心田，指引他们在文学的道路上驰骋徜徉。作为老师，我们有必要引导学生广泛地开展阅读，留时间给学生背诵这些经典名篇名段，陶冶学生的情操，净化学生的心灵，使学生沐浴在名篇经典的氛围中。况且，《义务教育语文课程标准》规定了必背的课文目录，对这些经典的篇目，我们必须要求学生会背诵。这样，学生的阅读体验更加深刻了，他们认知世界的能力也必将提升，阅读理解能力和写作表达能力也会得到提高。

真正的阅读，从走进图书馆阅览室开始。

学校有图书馆、有阅览室，班级有图书角。同学们要张开双臂，徜徉在书籍的海洋里，自由阅读，品味其中的滋味。

（单春林）

第 10 章 忘年文苑

我的江南梦

人人均有江南梦。我的江南梦幻于少年，情于青年，醉于中年，也将忆于老年……

儿时的江南遥不可及，对江南的绮丽、婉约，读于唐诗宋词，识于水墨丹青，尽一个学童的想象构幻着小桥流水，杏花雨巷，点点渔火，悠悠钟鸣，乱窜在拱桥两岸的柳绿滴翠，嬉戏于水乡船娘的摇撸划桨……

带着儿时对江南的憧憬，青年时我莽撞地爱上了一位姑苏女孩，对她的恋慕，就因为她是苏州才子的后裔。我用顾盼流连装饰她的妩媚，我用软软吴语点缀她的音容，我臆想她是低拨弦琴的闺秀，我构勒她是浅唱轻吟的仕女，当我的情窦被这片湿漉漉的幻觉浸透，当我的初恋泼墨在这帧青春萌动的画卷，说不清是爱上了自己编织的故事，还是恋上了这位姑苏织女？

其结果可想而之，一颗尚青涩的果子，一段没由来的恋情，很短时间内就化成了烟雨飘零，初恋不懂爱，失落朦胧中……

待我中年，可以多次走近江南亲身体味，尽情领略其素墙黛瓦，古朴飘逸。千百年前的达官贵人或贪财或退隐，千百年前的文人墨客或纵情或寻春，千百年前的臣商豪富或显贵或藏娇，千百年前的义侠隐士或避乱或藏匿，均云集到江南小镇，修千姿园林，建百座豪宅，品茶楼丝弦，赏西湖雨情，青石板铺尽杏花巷，浣溪女戏语出阁日，绵绵细雨绽开着多姿油纸伞，缠绵悱恻演绎出那把桃花扇……

在珠玑罗绮中我寻觅翩翩素女的荆钗布裙，在婉转莺声里我细品穿越千年的悠悠箫音。我游周庄、登虎丘、咏断桥、听梁祝，我醉了，醉在弥漫着悠然恬静的江南古镇，醉在润湿于烟雨雾弥的幽邃小巷，醉在迷宫繁复曲径通幽的姑苏园林，醉在梦幻般白蛇传奇的西子湖畔……

醉，岂在景，更在情。在雨巷，都曾想与诗中撑着油纸伞的丁香女擦肩而过；在小镇，都希冀与画中轻唱江南曲的娇船娘共渡小舟；但我更愿此刻幻显出青花仕女的倩影，期待与她履约曾经的佳期，游一回千古青花的故里，亨一回烟雨青花的温情……

一千个人就有一千个江南梦，当夕阳西下，当暮色霭霭，当某一天我重新忆起那回如影随形的青花之旅，不知那个梦是否依然清澈？

流年似水，如能共享一个江南梦，这个梦会很美，很美……

（贾　坤）

读 蝉

一蝉知夏。

当第一声蝉鸣响彻大地时，夏天，来了！紧接着，无数只蝉起而和之，奏响了天地之间的盛夏交响乐。

很久以前的一个暑假，我正上高二，正午，艳阳高照，连枝头的树叶都如老僧入定般垂挂下来，纹丝不动。我端坐在书斋内，口中念念有词背诵着古文，笔下却乱无章法地勾勒几何立体图，挥汗如雨。天气愈热，心火愈旺。偏偏窗外的蝉鸣越发高昂劲道，如金声玉振，一唱三叠，不绝于耳，搅得人耳鸣脑胀。蓦然，一股无名火冲上脑门，我抓过作业本一边手撕一边咒骂："吵死了！去死！去死！"

父亲听见声响，从隔壁屋跑出来。我更是暴跳如雷：这该死的蝉，还让不让人好好看书！明年考不上大学，我就放火烧光所有的树，烧死所有的蝉！

父亲在一旁沉默，任由我肆意发泄。少顷，他给我倒了一杯凉开水：今天不看书了，下午休息，爸爸给你讲一讲蝉的故事。

蝉卵产在树枝的孔眼里，运气好的躲过了蚋的偷食，才有机会孵化成幼虫；刚孵出的幼虫随枯枝掉落地面，找个松土钻入地穴，开始了暗无天日的漫长蛰伏，三年、五年、七年……甚至更久；倘使这段时间内没有被野兽从地底刨出，就有机会成虫；破土而出后，成虫凭本能开始攀爬上树，在这个过程中，很多蝉被人逮捉去，当了"盘中餐"；有幸"逃出生天"的，找个安全地方，垂挂树身，静待蜕壳，蜕皮过程中，如若不幸受到干扰，将落下"终身残疾"，无法飞行，更不能发声。蝉的一生，竟如此多劫多难。数以年计的等待，只为换取一季“生之歌，生之盛年之歌”。

末了，父亲若有所思说了句：“你长大了，明年就要参加高考，或许会离开父母去很远的地方。”

听到这里，我从心底里原谅了这个聒噪的小东西。我等万千寒门学子，十年苦读，十年磨砺。所盼者无非一朝金榜题名，考上心仪的大学，奔向属于自己的远大前程。将心比心，为人不易，为蝉亦不易。在这个世界上，任何功成名就都不是轻而易举的。我读懂了蝉，忽然也就读懂了自己。所有的怨气怒火统统抛到九霄云外，我坐回书桌前，开始心无旁骛地背书、做题。

那年夏天，蝉给我上了深刻的一课。

时光容易把人抛，似水流年又一夏。我上班路上，途经一高考点。考场外，忧心如焚的家长坐立难安、个个翘首以盼。我忽然想到了蝉，我有多久没有听到蝉鸣了？随着城市工业化加速，人类的生存空间渐渐占挤了动物的栖居之地，如今，听“稻花香里说丰年，取蛙声一片”的盛景更是可遇而不可求了。

我开始怀念蝉、并寻找蝉，我向往“蝉噪林逾静，鸟鸣山更幽”的深山老林。朋友推荐我去古木巨树众多的禅院听蝉，有诗云“南朝四百八十寺”，我江南有的是古寺深院，可免了跨省舟车劳顿之累。我来到近郊一处千年古刹，果然，这里巨篁参天，枝头上的蝉鸣伴着佛堂内的禅诵。我看到墙上写着一个大大的“禅”字，心底陡然一颤。蝉和禅，音同而形似。禅，乃佛家之语，深“不可说”；蝉，系天地间小小一虫，知知不休。纵观蝉的一生，历经黑暗与光明、束缚和自由、蛰伏与张扬、哑黯和高吭……它一次次在生死两重门之间挣扎、蜕变。终于，一飞冲天，一鸣惊人，实现了涅槃与重生。这与佛家《心经》“照见五蕴皆空，度一切苦厄”的涅槃超脱有着异曲同工之妙。

蝉又俗称“知了”，在佛家看来，知乃大智慧；了即顿悟、放下，而参禅不就是一个由“知”到“了”的过程么？巧得很，《西游记》里唐三藏的前世是如来座下弟子“金蝉子”。他肩负使命，下凡投胎转世，在赴西天取经途中，历经了九九八十一难（劫），终于取得真经，修得正果。蜕“蝉”而入“禅”。

人生一世，蝉活一夏。其实，无论是蝉还是人，是凡人或是圣僧，在生命的过程中，多多少少总会历经一些暗黑无助的苦闷时光。可苦难处亦是修行时，佛不也经常说：“带着三分病去修行”。“三分病”指的就是生活中的苦难，人更要学会接受苦难、直面磨砺，蜕变开悟的自己才是强大开挂的人生。

从有声蝉鸣到无声禅意，读懂了蝉，也就读懂了禅。读懂了禅，也就读懂了生命。

（申功晶）

第 11 章　他山之石

拿破仑的志向

在拿破仑还是一个单纯的小朋友时，一次偶然的机会，他的叔叔问拿破仑将来长大想要做什么。拿破仑在听叔叔这样问他之后，马上滔滔不绝地发表了心中构想已久的伟大抱负。

小拿破仑从他立志从军开始，一直说到想带领法国的雄兵，席卷整个欧洲，建立一个前所未有的超级大帝国，并且让自己成为这个大帝国的君主。不料，叔叔听完小拿破仑的抱负之后，当场大笑不已，指着小拿破仑的额头，嘲讽道："空想，你所说的一切全都是空想！想当法国皇帝？那是不可能的！依我看，你长大之后，还是去当一个小说家，反倒容易实现你的皇帝美梦。"小拿破仑被叔叔一阵嘲笑，非但没有动怒，反而静静地走到窗前，指着远处的天边，认真地问道："叔叔，你看得到那颗星星吗？"这时还是正午时分，拿破仑的叔叔诧异地走到窗前，茫然地答道："什么星星？现在是正午，当然看不到啊！孩子，你该不是疯了吧？"再次面对叔叔的质疑，小拿破仑却是依然镇定而冷静地说道："就是那颗星星啊！我真的看得到，它依然高挂在天边，不分日夜，一直为了我而闪烁着，那是属于我的希望之星。只要它存在一天，我的梦想就永远不会破灭！"事实上，那颗希望之星从未高悬天际，它一直躲藏在拿破仑的内心深处，凭借内心希望之星的引导，终于使得拿破仑终于成为真正的法国"皇帝"。

请不要扼杀孩子的梦想，因为嘲笑梦想不是一个开明家长的行为。如果想做一个开明的家长，做一个爱孩子的家长，更应该做的，是坐下来，安安静静地搂着孩子，和孩子一起畅想，无所顾忌地谈谈。让你的梦想再现，让孩子的梦想得以吐露，让你和孩子有一次贴心的交流。这样，可以让孩子在无数个梦想中，充分发挥想象力与创造力。因为想象力还可以帮助人们发掘出无限的大脑潜能。孩子的潜能能否得到充分的发掘，主动权其实掌握在父母手中，能否正确激发孩子的梦想、更为广阔的发展空间，就看你对孩子的梦想采取什么态度！

（魏　铭）

因品德而爱

美国大多数中小学,每学年都有一天是专门留给家长和老师会面的。这一天学生不用上课,老师与班上每一位学生的家长单独面谈,面谈时间约为三十分钟。其中,与女儿五年级的班主任第威夫人的一次面谈令我印象深刻。

第威夫人在大大地赞扬了女儿一番后把话题一转,说:"对于克莉斯蒂(女儿的英文名)这样优秀的学生,我的担心是如果有一天她的成绩报告单上不是那么漂亮了,有了一个甚至几个'B',她会怎样去处理这个事情呢?"

我和先生对看了一眼,有些被一语惊醒的感觉。接着,她给我们讲了她自己亲身经历的故事:她的女儿曾经是个非常优秀的学生,门门功课都是A。可是上了高中后,由于功课越来越难和一些其他原因,成绩单上也有了几个B。女孩无法承受自己在学习上不再门门优秀的事实,便想方设法寻找其他能让自己最出色的方面。

最后,她终于找到了——那就是节食,其结果当然可想而知,小姑娘差点儿连命都丢掉了。幸亏父母发现得早,药物治疗加上心理治疗,千辛万苦地总算把她给救过来了。

第威夫人说:"我把这个故事告诉你们,是希望它不要重演。我像爱自己的孩子一样爱你们的孩子。我的希望就是她能身心健康地成长,这是一个教育者的心愿。"

她给我们讲了她的打算,并说在实行这个计划之前需要得到我们的允许:她准备有意给克莉斯蒂增加学习和考题的难度,让她的成绩单上至少有一两个B。目的是为了观察她的反应。她认为培养孩子承受挫折的能力与建立孩子的自信心是一样重要的。老师这样尽心尽责,真是令我们感动,也令我们醒悟。

说实话,我们从来没有意识到这是一个问题,更别说认识到它的严重性了,倒是常常为女儿的好成绩喜形于色。

第威夫人有一段话让我们深受触动。她说:“时时要让孩子知道,我们爱他们,大家喜欢他们,是因为他们的品德,和他们的成绩单如何则是没有任何关系的。”不知何时,我们把这直白浅显的人生道理给忘掉了呢?

啊,我们喜欢一个人最重要的还是看他善良与否,诚实与否,我们看重的还是一个人展现出来的品德。倘若培养出来的孩子不懂得去爱父母,不知道回报,只知索取,只享受成功的赞美和鼓励,看不到人生路途上的艰辛,不知道挫折和困难为何物,那他们的成绩单只能是一时的好,心理往往会变得脆弱,最后走入歧途。愿天下父母珍视孩子品德的培养!

（丁　峰）